# REISEFÜH-RER ROM

## EINE UNVERGESSLICHE REISE

Erkunden Sie alle Traumorte und Sehenswürdigkeiten und erleben Sie kulinarisches Essen, Action, Spaß, Entspannung, uvm. - Der praxisnahe Reiseguide

# INHALT

# Vorwort

Die einzigartige Stadt Rom fasziniert seine Besucher seit Jahrhunderten. Sie bietet so viele Sehenswürdigkeiten, wie keine andere Stadt. Da ist es doch verständlich, wenn Sie sich von den Möglichkeiten Roms leicht erschlagen fühlen. Denn wo soll man bei einer Städtereise in Rom anfangen? Welche Orte und Sehenswürdigkeiten lohnen sich wirklich? Was dürfen Sie auf keinen Fall verpassen? Da wäre zum einen der Vatikan, das Kolosseum und die Spanische Treppe, aber auch andere Plätze in Rom haben ihren Reiz und sind, abseits der klassischen Touristenmagnete, vielversprechend und attraktiv. Natürlich möchten Sie das alte Rom erkunden und das Forum Romanum besichtigen, doch würden Sie gerne auch auf der Piazza einen Wein trinken und am echten römischen Lebensgefühl teilhaben. Die römische Küche sowie das Nachtleben möchten Sie genau so erleben, wie das bunte Treiben auf den römischen Märkten. Ausgedehnte Exkursionen zu prunkvollen wunderschönen Basiliken und den mystischen Katakomben runden Ihre Sightseeingtour ab.

Dieser Reiseführer begleitet Sie durch die Straßen Roms und schenkt

Ihnen wertvolle Tipps und Informationen rund um die antike Stadt. Spannend und informativ unterstützt er Sie auf Ihren Erkundungstouren durch den Vatikan, die römische Architektur und die Geschichte Roms. Er wird Ihnen ganz genau zeigen, welche Ecken Sie noch entdecken können und sogar Insidertipps sind enthalten, damit Ihnen auch wirklich kein Goldstück entgeht und Sie alles erkunden können.

Sie können Rom auf eigene Faust entdecken oder die vorgegebenen Routen nutzen. Diese habe ich für Sie sorgfältig zusammengestellt und ich gebe Ihnen somit eine Hilfestellung zur Gestaltung Ihrer Freizeit. Natürlich kann es immer vorkommen, dass sich das Angebot an Geschäften und Restaurants regelmäßig ändert und eine Empfehlung von mir nicht mehr existiert. In diesem Fall informieren Sie sich am besten vor Ihrer Reise noch einmal im Internet und sichern sich ab, damit Sie vor Ort keine bösen Überraschungen erleben. Ich wünsche Ihnen einen angenehmen Aufenthalt und viele wunderbare Eindrücke und Erfahrungen im alten Rom.

# Das alte Rom

Kaum eine andere Stadt fasziniert ihre Besucher so sehr, wie das alte Rom. Noch heute ist die Geschichte Roms für ihre Besucher so greifbar und interessant wie keine andere. Antike Bauwerke erzählen noch heute Anekdoten aus längst vergessenen Tagen und schicken Sie auf eine Zeitreise in die Welt der Gladiatoren, Römer und der Antike. Nachfolgend bekommen Sie einen interessanten Einblick in die Entstehungsgeschichte Roms und erfahren, wie sich die Stadt seit eh und je gewandelt hat.

## DIE GESCHICHTE

„753, Rom kroch aus dem Ei!". Sie kennen den Spruch bestimmt noch aus Ihrem damaligen Geschichtsunterricht. Der Legende zufolge wurde die Stadt Rom am 21. April 753 v. Chr. von Romulus gegründet. Daher stammt auch der Name Rom. Nach der römischen Sage wurden Romulus und sein Bruder Remus von ihrem machtgierigen Onkel auf dem Tiber in einem Weidenkorb ausgesetzt. Sie waren die Söhne des Kriegsgottes Mars und der Königstochter Rhea Silva, welche angeblich eine Affäre miteinander hatten. Aus dieser Liaison entstanden die Zwillinge Romulus und Remus. Da sich der Weidenkorb an einem Feigenbaum, dem „Ficus Ruminalis", verfing, wurden die beiden von einer Wölfin gefunden. Diese rettete den beiden Babys das Leben, indem sie sie säugte und großzog. Später adoptierte sie der Hirte Faustulus und gab den beiden die Namen Romulus und Remus. Die Brüder planten, eine Stadt zu gründen, und stritten sich darüber, wer fortan der rechtmäßige Herrscher sein sollte. Auf dem Hügel Aventin bekam Remus ein Zeichen von den Göttern. Remus erhielt sechs Adler und Romulus auf dem Hügel Palatin zwölf Adler. Daraufhin konnten sie sich nicht einigen, wie das Zeichen der Götter zu deuten war. Zählte nun die höhere Anzahl oder der Zeitpunkt? Sie einigten sich schließlich auf die höhere Zahl und Romulus begann mit dem Bau der Stadt. Remus machte sich infolge dessen über die niedrige Stadtmauer lustig und sprang über diese. Von Zorn getrieben, erschlug Romulus seinen Bruder und drohte dem Volk damit, dass es jedem so ergehen würde, der die Gesetze der Stadt missachtete. Seine Stadt entwickelte sich rasant, jedoch war der Großteil der Bewohner männlich und Frauen in der Minderheit. Um mehr heiratsfähige Frauen für sein Volk zu bekommen, entschied sich Romulus dazu, die Frauen aus den umliegenden Dörfern zu entführen. Dies war auch bekannt als „der Raub der Sabinerinnen." 37 Jahre lang herrschte Romulus über Rom und zu seinem Tod gibt es eine weitere Sage. Bei einer Sonnenfinsternis entstand ein unbezwingbarer Orkan, der die Stadt heimsuchte. Romulus verschwand in den schwarzen Wolken des Sturms und wurde nie wieder gesehen. Mars hatte seinen Sohn zu sich geholt und ihn zu einem Gott namens Quirinus gemacht. Eine andere Legende besagt, dass er von römischen Senatoren während eines Putsches erschlagen wurde.

Noch heute wird Rom „die ewige Stadt" genannt. Dies hat damit zu tun, dass sich Rom in Krisenzeiten immer wieder aufrichten konnte. Zu Beginn war die Stadt ein Königreich und Numa Pompilius soll der zweite sagenumwobene König von Rom gewesen sein. Er regierte die Stadt von 715 v. Chr. bis zu seinem Ableben. Im Jahre 509 v. Chr. wurde Rom zur Republik und durch mehrere Senatoren regiert. Diese beschlossen Gesetze und hielten sich an die Verfassung, sodass in der Stadt politische Ordnung herrschte. In den darauffolgenden Jahren kam es zu Kämpfen zwischen den Patriziern und den Plebejern und 218 v. Chr. wurde Italien von Hannibal erobert, welcher die Alpen überquerte und die karthagische Armee anführte.

Im Jahre 45 v. Chr. wurde Julius Caesar zum Diktator ernannt und später dann durch seinen Bruder Brutus ermordet. Es folgte ein 17-jähriger Bürgerkrieg. 27 v. Chr. wurde Kaiser Augustus dann der erste Kaiser von Rom.

476 n. Chr. folgte das Ende des Weströmischen Reiches und der Untergang des alten Roms. Der letzte Kaiser Roms war Romulus Augustus.

Zwischen dem 8. und dem 11. Jahrhundert folgten Angriffe, Plünderungen und Belagerungen durch die Sarazenen und Normannen. Erst im 15.

Jahrhundert brachte das Papsttum das aufstrebende Rom zurück. Die Einführung von Steuern und Ablasszahlungen änderte die ganze Machtstruktur der Stadt. Dies war auch die Zeit der Entstehung der majestätischen Kirchen und Gebäude in der Stadt Rom.

1871 wurde das vereinte italienische Königreich von Vittorio Emmanuele II. regiert und Rom wurde Hauptstadt des Königreiches. Der Papst zog sich in dieser Zeit zurück in den Vatikanstaat.

Nach dem 1. Weltkrieg riss der Faschist Bonito Mussolini nach dem „Marsch auf Rom" die Macht an sich und erst 1946 endete das Königreich Italiens. Fortan war Italien eine Republik und die Stadt Rom blieb daraufhin Hauptstadt.

## ROM IM HIER UND JETZT

In der Hauptstadt Rom leben ca. 2,8 Millionen Menschen, mit den umliegenden Stadtgebieten und Orten sind es sogar 3,3 Millionen. Im Vergleich zur Antike hatte Rom schon stattliche 1 Million Einwohner und diese Zahl wuchs stetig an. Allerdings sank im Mittelalter die Einwohnerzahl drastisch auf nur noch 25.000. Dies war Krankheiten geschuldet, die sich rasend schnell verbreiteten. Erst durch die Rückkehr der Päpste erholte sich die

Stadt wieder und die Einwohnerzahl erhöhte sich auf 700.000.

Die Stadt Rom wurde auf sieben legendären Hügeln erbaut und inmitten des Stadtgebietes befindet sich noch der kleinste Staat der Welt, der Vatikan. Die sieben Hügel Roms sind Palatin, Kapitol, Quirinal, Viminal, Esquilin, Caelius und Aventin.

Das Zentrum von Rom ist in 22 Stadtviertel aufgeteilt, welche „Rioni“ genannt werden, und verlaufen vom Tiber im Westen bis zur Stadtmauer, die im Osten liegt. Um das historische Zentrum liegen 18 weitere Stadtviertel, diese werden „Quatien“ genannt. Außerdem gehören noch elf Vororte dazu. Die Aurelische Mauer umschließt die Innenstadt mit dem Forum Romanum, dem Kapitol, den Grabmälern und den Thermen.

Im 14. Jahrhundert wurde Rom umgebaut bzw. neu strukturiert und berühmte Künstler wie Bramante, Michelangelo, Raffael und Bernini wirkten an der Neugestaltung mit. Dadurch entstanden prachtvolle Kirchenbauten, Brunnen, Straßen und Sehenswürdigkeiten, wie zum Beispiel die Spanische Treppe.

Den Zweiten Weltkrieg überstand Rom ohne nennenswerte Schäden und seit 1946 ist sie die Hauptstadt Italiens. Am 25. März 1957 wurde die EWG gegründet und die römischen Verträge unterzeichnet.

Für die Stadt Rom und den Vatikan ist der Tourismus heute eine sehr wichtige Einnahmequelle und ein Heer von Touristen tummeln sich jährlich in der Stadt, an den historischen Bauwerken und im Vatikan. Heute besitzt die Stadt den Weltruf als Kunst- und Kulturmetropole, auch ist sie eine wichtige Stadt in der Modebranche und in der Filmindustrie. Noch dazu zählt sie zu den meistbesuchten Städten auf der ganzen Welt. Die zahlreichen Bauwerke und archäologischen Überreste sowie Kirchen und Museen faszinieren bis heute die ganze Welt.

# Auf Entdeckungstour in Rom

Das Wichtigste in Rom ist natürlich die Erkundung der Sehenswürdigkeiten. Diese dürfen Sie auf keinen Fall verpassen, Sie sollten sich diese in aller Ruhe zu Gemüte führen.

In diesem Kapitel stelle ich Ihnen die wohl berühmtesten Sehenswürdigkeiten und Orte Roms vor, die Sie auf jeden Fall gesehen haben müssen. Wichtiges Hintergrundwissen und alle nützlichen Informationen zu den einzelnen Sehenswürdigkeiten sorgen dafür, dass Sie sich in Rom gut zurechtfinden. Außerdem können Sie Ihre Ausflüge besser planen und ganz entspannt Ihre Städtereise genießen.

## DIE BESTEN SEHENSWÜRDIGKEITEN

Zu den wohl berühmtesten Sehenswürdigkeiten Roms und des Vatikans zählen das Forum Romanum, das Kolosseum, der Petersdom, die Vatikanischen Museen und das Pantheon. Aber auch andere wichtige Orte und historische Gebäude gehören zu einem Rombesuch unbedingt dazu. Ich stelle Ihnen nachfolgend die Wichtigsten vor und gebe Ihnen dazu interessante Hintergrundinformationen und zeige Ihnen natürlich auch, wo sich diese Sehenswürdigkeiten befinden.

### Das Kolosseum

Das wohl größte erbaute Amphitheater in Rom und der Welt ist gleichzeitig auch das Bekannteste. Das Kolosseum wurde zwischen den Jahren 72 n. Chr. und 80 n. Chr. errichtet und diente zur Belustigung sowie zur Unterhaltung der Bewohner Roms. Diese hatten sogar freien Eintritt und wirklich jeder konnte sich die spannenden und brutalen Spiele und Kämpfe aus nächster Nähe ansehen. Es ist das Wahrzeichen der Stadt Rom und ein besonderes Beispiel für die hohe Baukunst der Römer in der Antike.

Im Kolosseum wurden hauptsächlich brutale Veranstaltungen, zu denen Gladiatorenkämpfe, Tierhetzen oder nachgestellte Seeschlachten gehörten, dargestellt und ausgerichtet. Das Kaiserhaus sorgte für immer neue Attraktionen und bot dem damaligen Volk immer wieder absurde Unterhaltung.

Nach der Fertigstellung wurde das Kolosseum mit hunderttägigen Spielen eröffnet und erhielt so seinen Nutzen.

Mit 156 Metern Breite und 188 Metern Länge war das Kolosseum ein monströses Bauwerk, dass zur damaligen Zeit mit seinen 48 Metern in die Höhe ragte und ein Meisterwerk der Architektur darstellte.

80 Eingänge, von denen vier Eingängen den obersten Schichten, wie zum Beispiel dem Kaiser, den Senatoren, Vestalinnen und Priestern, vorbehalten waren, dienten dazu, dass das Kolosseum innerhalb von fünf Minuten geräumt werden konnte, falls eine Veranstaltung nicht so vonstatten ging, wie geplant.

50.000 Zuschauer fanden in dem ellipsenförmigen Amphitheater Platz. Die runde Form diente dazu, dass sich die Gladiatoren, die zum Tode Verurteilten oder die gejagten Tiere nicht in Ecken verstecken konnten und so bis zum bitteren Ende kämpfen mussten.

Auch fand man in den Stufen des Kolosseums verschiedene Inschriftenfragmente, die auf die Sitzordnung der damaligen Bevölkerungsgruppen hinweisen.

Der Boden der Arena verbarg einen besonderen Clou. Er wurde mit Holzbohlen ausgestattet, die entfernt werden konnten. Dies war nötig, um die Arena zu fluten, um so die berühmten Seeschlachten nachstellen zu können. Unter dem Boden befanden sich die Kellerräume mit den Verliesen und Zellen der Gladiatoren, erbaut auf einem sieben Meter dicken Fundament.

Das Kolosseum war fast 450 Jahre lang in Betrieb und begeisterte die Bewohner Roms sowie noch heute seine Besucher.

Seit 1999 ist es ein Monument gegen die Todesstrafe und wird immer, wenn ein Staat die Todesstrafe abschafft, 48 Stunden lang in bunten Farben angeleuchtet.

Durch seine Bauweise ist das Kolosseum noch heute ein Vorbild und ein beliebtes Motiv für heutige Stadien.

Genießen Sie am Abend den malerischen und romantischen Anblick, wenn das gigantische Kolosseum von weichem Licht angestrahlt wird.

Wenn Sie das Kolosseum besichtigen möchten, sollten Sie Ihre Tickets am besten im Voraus kaufen, damit Sie die langen Warteschlangen umgehen können. Führungen sind ebenfalls möglich und auch online buchbar. Das hat sogar den Vorteil, dass Sie bei einer Führung in Bereiche des Kolosseums vordringen können, die Sie normalerweise nicht allein besichtigen dürfen.

Achten Sie auf die Sicherheitskontrollen am Eingang. Es ist verboten, große Gepäckstücke mitzunehmen, und Sie dürfen auch keine vollen Wasserflaschen mitbringen.

Eintritt:
Erwachsene: 12 €
EU-Bürger: 7,50 €
Personen unter 18 Jahren: 0 €
Öffnungszeiten:
täglich 8:30 Uhr - 19:00 Uhr, bis auf einige wenige Ausnahmen. Informieren Sie sich vorher im Internet.
Adresse: Piazza del Colosseo 1, 00184 Roma
Webseite: www.archeoroma.beniculturali.it

**Das Pantheon**

Der offizielle Name des Pantheons ist „Santa Maria ad Martyres" und es ist das besterhaltene Bauwerk der römischen Antike.

Es wurde am 13. Mai 613 n. Chr. zur Kirche umgewandelt und diente davor als Göttertempel. Erbaut wurde es zu Ehren der Götter vom Konsul Marcus Agrippa.

Zwischen den Jahren 125 n. Chr. und 128 n. Chr. wurde dieses imposante Gebäude fertiggestellt und zieht heute viele begeisterte Touristen an.

Das Pantheon besitzt die größte Kuppel auf der Welt und wird von vorn komplett durch die Tempelfassade verdeckt. Durch eine Öffnung inmitten der Kuppel strahlt das Licht von außen herein und taucht das Innere immer wieder in eine atemberaubende Atmosphäre. Von der Piazza della Rotonda haben Sie den besten Blick auf die Front des Pantheons. Auf dem riesigen Platz findet sich ebenfalls der „Obelisco Macuteo", ein altägyptischer 6,35 Meter hoher Obelisk auf einem Brunnen.

Im Innern des Pantheons können Sie verschiedene Gräber zahlreicher Künstler besichtigen, unter anderem finden sich hier die Grabstätten der Maler Raffael (1483- 1520), Perino del Vaga (1501- 1547), Giovanni da Udine (1487- 1564), Taddeo Zuccari (1529- 1566) und Annibale Caracci (1560- 1609).

Eintritt: kostenlos
Öffnungszeiten:
Montag bis Samstag: 9:00 Uhr- 19:30 Uhr
Sonntag: 9:00 Uhr- 18:00 Uhr
Adresse: Piazza della Rotonda, 00186 Roma

## Der Trevibrunnen

Der wunderschöne spätbarocke Trevibrunnen ist der größte Brunnen Roms und sogleich der bekannteste Brunnen der Welt.

Erbaut wurde er nach den Plänen von Nicola Salvi 1732 bis 1762 und ist ca. 26 Meter hoch und 50 Meter breit.

Zu sehen ist eine Palastfassade mit Triumphbogen und im Vordergrund befinden sich Meeresgestalten auf einer Felslandschaft. In der Mitte steht die Statue des Meeresgottes Oceanus.

Im Film „La dolce Vita“ war der Trevibrunnen bei einem nächtlichen Bad von Anita Ekberg und Marcello Mastroianni zu bewundern. Er ist ein beliebter Touristentreffpunkt und mit seinen Skulpturen und Wasserspielen erstaunlich vielfältig. Besonders prächtig erscheint er am Abend, wenn er angestrahlt wird.

Interessant ist auch der Brauch, eine Münze in den Brunnen zu werfen. Man sagt, dass es Glück bringe und jeder Besucher, der eine Münze über seine Schulter in den Brunnen wirft, nach Rom zurückkommen wird.

Einmal pro Woche werden die Münzen von der Stadt aus dem Brunnen herausgeholt und für wohltätige Zwecke gespendet.

Adresse: Piazza di Trevi, 00187 Roma

### Der Petersdom

Die größte päpstliche Basilika und die bedeutendste Kirche der Welt ist der Petersdom. Die Basilika Sankt Peter im Vatikan, auf Italienisch „San Pietro in Vaticano", liegt im unabhängigen Staat der Vatikanstadt.

Sie ist eine der sieben Pilgerkirchen in Rom, besitzt eine Fläche von 20.139 $m^2$ und ein Fassungsvermögen von ca. 20.000 Menschen. Sie befindet sich am Petersplatz, welcher in ovaler Form errichtet wurde und ganze 240 Meter breit ist.

In der Mitte des Petersplatzes steht der vatikanische Obelisk. In dessen Fuß soll sich die Asche von Cäsar und in der Spitze ein Teil des Kreuzes Christi befinden.

Vom mittleren Balkon des Petersdoms, der Benediktionsloggia, zeigt sich der neugewählte Papst und spricht den Segen „Urbi et orbi".

Über der Fassade sind insgesamt 13 Figuren und Skulpturen dargestellt, wie zum Beispiel Jesus, Johannes der Täufer und alle Apostel bis auf Petrus.

Die Figur des Petrus steht mit der Figur des Paulus am treppenartigen Vorplatz des Petersdoms, dem „Sagrato".

Insgesamt führen fünf Portale in das Innere der Basilika. Die verstorbenen Päpste werden nach alter Tradition durch das Portal des Todes getragen. Im Innenraum des Petersdoms befinden sich 778 Säulen, 395 Statuen und 44 Altäre. Die Altarbilder sind in kunstvollen Mosaiken ausgeführt.

20 Grabmäler und Denkmäler von Päpsten und weiteren bedeutenden Persönlichkeiten der katholischen Kirche können Sie im Petersdom besichtigen. Generell ist der Petersdom ein herausragendes Gebäude mit kunstvollen Verzierungen und beeindruckenden Kunstschätzen. Er gehört zu den meistbesuchten Sehenswürdigkeiten in ganz Europa.

Besonders lohnenswert sind die Schatzkammer und die Krypta mit den Gräbern der 23 Päpste. Weitere Highlights sind der Taufbrunnen, die Statue des heiligen Petrus und die Pieta-Skulptur des Michelangelo.

Im Petersdom zelebriert der Papst seine Messen und tausende Gläubige finden sich in der Basilika und auf dem Petersplatz ein. Sie sollten bei einer Papstaudienz auf jeden Fall früh genug auf dem Petersplatz erscheinen, denn die Plätze sind rar.

Besichtigen Sie die Kuppel des Petersdoms und steigen Sie hinauf auf die Dächer des Vatikans. Sie werden mit einem fantastischen Ausblick belohnt.

Um lange Wartezeiten bei der Besichtigung der Kuppel zu vermeiden, kaufen Sie Ihre Eintrittskarten schon vorher.

Angemessene Kleidung ist sehr wichtig. Achten Sie darauf, dass Sie Ihre Schultern und Knie bedeckt halten, und tragen Sie keine Kopfbedeckung. Vor dem Besuch gibt es umfassende Sicherheitskontrollen.

Eintritt: kostenlos
Kuppelbesichtigung mit Fahrstuhl kostet 10 € und mit Treppenaufgang 8 €
Öffnungszeiten:
Winter: 7:00 Uhr - 18:00 Uhr
Sommer: 7:00 Uhr - 19:00 Uhr
Die Kirche bleibt lediglich geschlossen bei Zeremonien, Gottesdiensten und Papstaudienzen
Adresse: Piazza San Pietro, 00120 Città del Vaticano, Vatikanstadt

### Die Sixtinische Kapelle

Zu einem Besuch in Rom und im Vatikan gehört auf jeden Fall die Besichtigung der Sixtinischen Kapelle. Massenhaft Touristen strömen jedes Jahr in die bekannteste Kapelle, um die Meisterwerke am Deckengewölbe zu bestaunen. Da bekommt man schon einmal eine Nackenstarre, weil die Deckenfresken so bewundernswert sind.

1473 war der Baubeginn der Sixtinischen Kapelle und zog sich bis ins Jahr 1483 hinein. Der Name der Sixtinischen Kapelle ist auf Papst Sixtus IV. zurückzuführen. Es waren viele Künstler bei der Gestaltung der herausragenden Kapelle beteiligt – Pietro Perugino, Sandro Boticelli, Domenico Ghirlandaio, Cosimo Rosselli und auch der bekannteste Künstler von allen, Michelangelo Buonarroti, arbeiteten an den unfassbaren Gemälden in der Sixtinischen Kapelle.

Im Jahre 1508 rief Papst Julius II. Michelangelo nach Rom, um ihn zur Fertigstellung der Gewölbedecken zu überreden. Michelangelo lehnte zuerst ab, weil er dachte, dass er dies niemals schaffen würde und ihn seine Rivalen nur scheitern sehen wollten. Doch letztendlich entschied er sich doch dafür, den Auftrag anzunehmen, und er erschuf eines der bedeutendsten Meisterwerke der Geschichte – die Schöpfungsgeschichte mit Adam und Gott, die in der Mitte des Gewölbes von zahlreichen anderen Geschichten umschlossen ist. Begonnen hatte Michelangelo das Deckenfresko 1508 und stellte es 1512 fertig. An der Wand hinter dem Altar befindet sich noch ein weiteres Meisterwerk Michelangelos, „das Jüngste Gericht". Die Sixtinische Kapelle gilt als die wichtigste Kirche im Vatikanstaat und ist durch eine Treppe, der „scalia regia", mit dem Petersdom verbunden. In der Kapelle findet die Konklave, die Neuwahl des Papstes sowie des Bischofs von Rom, durch die Kardinäle statt. Sie fungiert als offizielle Residenz des Papstes.

Die Kapelle gehört zu den Vatikanischen Museen und kann nur in Kombination mit den anderen Museen besichtigt werden. Die Tickets sind online buchbar und Sie sparen sich die lästige Warterei an der Kasse. Bedenken Sie auch hier angemessene Kleidung und bedecken Sie Schultern und Knie. Kopfbedeckungen und das Fotografieren sind strengstens untersagt.

Eintritt:
Erwachsene: 21,00 €
Ermäßigter Eintritt: 12,00 €
Kinder unter 6 Jahren: kostenlos
Öffnungszeiten:
Montag bis Samstag: 9:00 Uhr - 18:00 Uhr
Sonntags: geschlossen
An einigen kirchlichen Feiertagen ist die Sixtinische Kapelle ebenfalls geschlossen.
Adresse: Viale Vaticano, 00165 Rom

## Die Vatikanischen Museen

Für Liebhaber von Kunstschätzen und für Kunstinteressierte sind die Vatikanischen Museen ein absolutes Muss. Hier befinden sich die wichtigsten Museen der Welt. Diese enthalten eine beachtliche Sammlung an Kunstwerken aus dem orientalischen Altertum sowie Sammlungen von der Antike über die Renaissance bis hin zur zeitgenössischen Kunst. Der berühmteste Teil der Vatikanischen Museen ist die Sixtinische Kapelle. Die Sammlungen beinhalten das Palazzi Vaticani, den Papstpalast, mit der Galerie der Kandelaber, der Wandteppiche und Landkarten. Dazu gehören ebenfalls die Kapellen: die Sixtinische Kapelle, die Nikolaus Kapelle und die Kapelle Urbans VIII. Des Weiteren zählen zu den Sammlungen verschiedene Papstbauten und Gemächer sowie Gegenstände aus den damaligen Epochen.

Die fünf besten Highlights der Vatikanischen Museen sind die Folgenden:

### Die Sixtinische Kapelle

Die Kapelle wird ganz am Ende der Vatikanischen Museen besichtigt und ist der krönende Abschluss des Rundgangs. Die prachtvollen Deckenfresken werden Sie auf jeden Fall in ihren Bann ziehen.

### Helixtreppe von Bramante

Der Entwurf der spiralförmigen Treppe stammt von Giuseppe Momo. Erbaut wurde die doppelläufige Treppe 1932.

Es gibt zwei unterschiedliche Treppen für hinaufsteigende und hinabsteigende Besucher und diese kreuzen sich nie. Sie ist in Form eines Trichters gebaut und verläuft nach unten hin schmaler, wodurch ein toller optischer Effekt entsteht. Nehmen Sie den Ausgang links von der Sixtinischen Kapelle, damit Sie diese beeindruckende Treppe nicht verpassen.

### Stanzen des Raffael

Zahlreiche Fresken schmücken die privaten Gemächer des Papstes Julius II. Vier Räume zeigen verschiedene Szenen aus der Geschichte der Päpste, des Christentums und der römischen Mythologie. Die Stanzen wurden im Jahre 1999 komplett renoviert und heute erstrahlen sie wieder in ihrem alten

Glanz. Planen Sie die Besichtigung am besten morgens, denn dann ist es nicht so voll wie am Nachmittag.

### Galerie der Landkarten

Sie gehört zu der Vatikanischen Bibliothek und es handelt sich hier um eine 120 Meter lange prunkvolle Halle. Riesige Karten und Fresken von italienischen Städten zieren die Wände und beeindrucken die Besucher, die auf dem Weg zur Sixtinischen Kapelle durch die Halle laufen.

### Galerie für moderne Kunst

Moderne Künstler befassen sich hier mit den Themen „Gott“ und „Kirche“ und zeigen auch unkonventionelle Werke. Es ist in diesem Teil der Museen etwas leerer, aber dafür sehr angenehm.

Erlaubt ist das Fotografieren in den Vatikanischen Museen, jedoch nicht in der Sixtinischen Kapelle.

Eintritt:
Erwachsene: 17 €
Für Kinder von 6 bis 18 Jahren: 8 €
Studenten: 8 €
Am letzten Sonntag des Monats ist der Eintritt frei.
Öffnungszeiten:
Montag bis Samstag: 9:00 Uhr - 18:00 Uhr
Sonntag: geschlossen (bis auf den letzten Sonntag im Monat)
Adresse: Viale Vaticano, 00165 Roma

## Das Forum Romanum

Jahrhunderte lang war das Forum Romanum der Mittelpunkt der römischen Politik. Hier befanden sich die ältesten und ehrwürdigsten Tempel der ganzen Stadt und auf diesem Platz fanden alle bedeutenden Geschäfte und Verhandlungen statt.

Der Platz, auf dem sich das Forum Romanum befindet, liegt zwischen den Hügeln Palatin und Kapitol. Dieser Bereich war damals ein Sumpf, der trocken gelegt wurde. Der erste Tempel auf dem Platz war ein Tempel für den Gott Saturn.

Ein wichtiges politisches Gebäude war die „Curia Lulia", welches als Senatsgebäude genutzt wurde. Daneben steht die „Rostra", eine Rednerbühne, und das Staatsgefängnis, das „Carcer Tullianus".

Erhalten blieben vom Forum Romanum zwei Triumphbögen und noch Reste der einzelnen Basiliken. Wenn Sie erst einmal durch die Ruinen des alten Roms spazieren gehen, werden Sie mit Sicherheit fasziniert sein, denn dies ist der schönste und interessanteste Ort in der ewigen Stadt. Hier spielte sich das gesamte Leben ab. Die Durchführung der Politik, der Handel mit Waren, die Zelebrierung des Götterkultes und das soziale Leben des Römers vereinten sich an diesem Ort.

Eintritt: 12 €
Öffnungszeiten: ab 8:30 Uhr, je nach Jahreszeit ändern sich die Schließzeiten zwischen 15:30 Uhr und 18:15 Uhr. Informieren Sie sich dazu im Internet.
Adresse: Via della Salaria Vecchia 5/6, Roma

### Der Hügel Palatin

Einer der sieben Hügel Roms ist der Hügel Palatin. Dieser ist der älteste bewohnte Platz der Stadt. Er gilt als der spektakuläre Gründungsort der Stadt Rom.

Der Legende nach erhielt Romulus auf dem Hügel Palatin mehr Adler als sein Bruder und fortan war er nun der Herrscher über die Stadt. Noch heute können Sie die Überreste verschiedenster Tempel bestaunen und den fantastischen Ausblick über ganz Rom genießen.

Es gibt ein Kombiticket für das Forum Romanum, das Kolosseum und den Hügel Palatin.

Kombiticket Preis: 17,60 €
Öffnungszeiten: ab 8:30 Uhr, saisonbedingt ändern sich auch hier die Schließzeiten. Sie schwanken zwischen 16:30 Uhr und 19:15 Uhr.
Adresse: Via di San Gregorio, 30, 00186, Roma

### Die Spanische Treppe

Die berühmteste Freitreppe der Welt ist die Spanische Treppe, auch „Scalinata di Trinità dei Monti“ genannt. Sie liegt zwischen der Kirche Santa Tinità dei Monti und der Piazza di Spagna.

Erbaut wurde sie ab 1732 auf einem wild bewachsenen Hang, der zur damaligen Zeit nicht in das Bild der Stadt passte. So ließ Papst Innozenz XIII. eine prunkvolle Treppe im Barockstil errichten, die bis heute ein sehr beliebter Treffpunkt für Touristen, aber auch für die Einheimischen geworden ist.

Die Spanische Treppe ist in drei Teile aufgeteilt. Die Dreiteilung deutet auf die Heilige Dreifaltigkeit der Kirche hin und führt auf die erste Terrasse hinauf. Ein weiterer Aufgang führt auf die zweite Terrasse. Das restliche Stück führt zur Kirche Trinità dei Monti.

Vor der Treppe befindet sich der Brunnen Fontana della Barcaccia auf der Piazza di Spagna.

Mit ihren 68 Metern Länge und 40 Metern Breite führt die Treppe imposant ganze 23 Meter in die Höhe.

Adresse: Piazza di Spagna, 00187, Roma

## Piazza Navona

Im Stadtviertel Parione gelegen finden Sie den wunderschönen Platz Piazza Navona. Er ist besiedelt von Souvenirläden, Restaurants und Touristencafés.

Zur Zeit der Antike wurde hier ein erstes Stadion errichtet, von dem man noch heute die Überreste besichtigen kann. Die Piazza Navona war damals ein beliebter Veranstaltungsort für zahlreiche Messen, Feste und Märkte.

Heute findet zur Weihnachtszeit nur noch der Weihnachtsmarkt Befana di Piazza Navona statt. Sie gelangen von der Piazza Navona zu vielen Sehenswürdigkeiten wie Brunnen, Palästen und Kirchen.

Hier spielt sich das Leben ab und wenn Sie sich in eines der Cafés setzen, können Sie das „La dolce vita“ genießen.

## Galleria & Villa Borghese

Die wertvollste private Kunstsammlung der Welt finden Sie in der Villa Borghese und deren Nebengebäuden.

Bewundern Sie Werke von Raffael, Rubens, Caravaggio und Tizian in der Galleria Nazionale d'Arte Moderna e Contemporanea und im Museo Nazionale Etrusco di Villa Giulia.

Die Villa Borghese stammt aus dem Landgut der Familie Borghese und ist ein Prachtstück der Architektur. Die Villa war die Sommerresidenz des borghesischen Fürstengeschlechts und steht inmitten einer riesigen Parkanlage. Auf der Piazza di Siena wird jedes Jahr das Springreitturnier des CSIO ausgetragen und lockt viele begeisterte Sportfans an.

Unternehmen Sie auf jeden Fall einen ausgedehnten Spaziergang durch den Park und entdecken Sie die zauberhaften Gärten. Im 17. Jahrhundert war die Parkanlage ein Hintergarten des Kardinals Scipio Borghese.

Eintritt: Der öffentliche Park ist kostenlos zugänglich.
Eintritt Villa:
Erwachsene: 15 € bis 20 €
Erwachsene zwischen 18 und 25 Jahren: 8,50 € bis 13,50 €
Öffnungszeiten:
8:30 Uhr - 19:30 Uhr
Adresse: Piazzale Napoleone I, 00197 Roma

**Das Viertel Trastevere**

Trastevere ist das malerische Viertel am anderen Ufer des Tibers. Gelegen südlich des Vatikans, kann das alte Volksviertel mit vielen attraktiven Sehenswürdigkeiten begeistern.

Die schmalen Gassen verzaubern jeden, der durch das romantische

Viertel spaziert. Hier finden Sie viele schöne Restaurants, Trattorien, Pizzerien und Straßencafés. Lassen Sie sich vom italienischen Flair mitreißen und begeben Sie sich in die trendigen Cocktailbars und die ausgefallenen Boutiquen und staunen Sie über die amüsanten Straßenkünstler.

Die Basilika Santa Maria ist die älteste Marienkirche Roms und zu finden an der Piazza di Santa Maria mit einem beeindruckenden Springbrunnen.

Die Villa Farnesina befindet sich ebenfalls im Viertel Trastevere und ist ein wunderschönes Landhaus, dass Sie sich etwas näher anschauen sollten.

### Die Basilica di Santa Maria Maggiore

Auf dem Hügel Esquilin erbaut, liegt die größte Marienkirche Roms von insgesamt vierzig Stück. Sie ist eine der sieben Pilgerkirchen und eine der vier päpstlichen Basiliken. Erschaffen wurde sie 432 n. Chr. Laut einer Legende soll die Jungfrau Maria Papst Liberius im Traum erschienen sein. Sie wies ihn an, die Basilica di Santa Maggiore in Auftrag zu geben. Jeden Abend um 21:00 Uhr erklingt die Glocke im Glockenturm und gilt als Mahnruf an alle Gläubigen. Beeindruckend und außergewöhnlich ist der Mosaikfußboden der

Basilika und Sie sollten auf keinen Fall die Statue von Regina Pacis, das Grabmal des Bernini und die heilige Krippe, in einer ovalen Urne aus Kristall und Silber, auslassen.

Eintritt: kostenlos
Öffnungszeiten:
Basilika täglich von 7:00 Uhr - 18:45 Uhr
Museum täglich von 9:30 Uhr - 18:30 Uhr
Adresse: Piazza Santa Maria Maggiore 42, 00185 Roma

### Monumento a Vittorio Emanuele II.

Das Nationaldenkmal in Rom wurde 1927 vollendet und liegt auf dem Kapitolshügel am Südende der Via del Corso. Es wurde dem ersten König des neugegründeten Königreichs Italien, Viktor Emanuel II., gewidmet.

Das Denkmal ist das Staatssymbol der Italienischen Republik. Im Gebäude befindet sich das Museum Museo del Risorgimanto und Sie können hier die Dauerausstellung zu den italienischen Unabhängigkeitskriegen besuchen.

Vor dem Denkmal steht eine bronzene Reiterstatue von Viktor Emanuel II. und besonders sehenswert sind auch die verschiedenen Reliefs, die wichtige Städte Italiens darstellen.

Begeben Sie sich mit dem Aufzug auf das Dach des Denkmals und lassen Sie sich vom fantastischen Ausblick begeistern.

Dieser kostet Sie zwar 7 €, überzeugt jedoch vollkommen.

Eintritt: kostenlos
Öffnungszeiten:
Lift täglich: 9:30 Uhr - 19:30 Uhr
Museum täglich: 9:30 Uhr - 17:30 Uhr
Adresse: Piazza Venezia, 00186, Roma

## Piazza del Popolo

Inmitten von Rom befindet sich der Volksplatz, der auch Dreizack genannt wird. Sein Name rührt daher, dass er in drei Richtungen abzweigt und in drei lange Straßen führt. Diese Straßen sind die Via del Corso, die Via del Babuino und die Via di Ripetta.

Möchten Sie ein Stück der alten Stadtmauer besichtigen, dann begutachten Sie die Porta del Popolo. Es heißt, dass jeder Besucher einst durch dieses Tor die Stadt Rom betrat. Sogar Martin Luther schritt durch dieses Portal in die ewige Stadt.

Die beste Aussicht auf die Piazza del Popolo bekommen Sie von der Terrazza del Pincio. Lassen Sie Ihren Blick schweifen und beobachten Sie das rege Treiben auf dem Platz. Von hier aus gelangen Sie übrigens auch zur Villa Borghese.

Sie werden auf dem Platz auch zwei fast identische Kirchen wahrnehmen, die sogenannten Zwillingskirchen: die Kirche Santa Maria in Monte Santo und die Kirche Santa Maria di Miracoli. Beide Kirchen stehen direkt nebeneinander und werden von der Via del Corso getrennt.

Auf dem Platz gegenüber steht die Basilika Santa Maria del Popolo. Sie bietet ein atemberaubendes Innenleben und kann mit Malereien von Caravaggio und Mosaiken von Raffael begeistern. Direkt neben der Kirche befindet sich das Stadttor.

In der Mitte des Platzes ragt ein 36,5 Meter hoher Obelisk in den Himmel. Der Obelisco Flaminco ist natürlich ägyptischen Ursprungs und an seinem Fuß thronen vier Löwenstatuen, welche Wasser speien. Sein Alter wird auf über 3300 Jahre geschätzt. Die Piazza del Popolo hat, wie Sie sehen, wirklich viel zu bieten und ist einer der schönsten Plätze in Rom.

## Via Appia Antica

Diese Straße ist eine der ältesten in ganz Rom. Sie war eine wichtige Anfahrtsstraße zur Stadt und der Startpunkt der Straße ist die Porta San Sebastiano. Ein Teil des Weges ist noch sehr gut erhalten und Sie laufen auf den originalen Pflastersteinen entlang.

Benannt wurde die antike Pflasterstraße nach dem Konsul Appius

Claudius Caecus. Er gab den Bau der Straße 312 v. Chr. in Auftrag.

Man verfolgte damit die Absicht, den Transport der Waren zwischen Rom und Kampanien sicherzustellen. Aber auch während des Zweiten Samnitischen Krieges mit den Truppen schneller voranzukommen, war Teil des Planes.

Sehenswürdigkeiten auf der Via Appia Antica sind die Domine Quo Vadis Kirche, die Katakomben und Grabkammern und die Überreste des Circus Maxentius, einer alten Rennbahn.

Von den Katakomben können Sie auf der Via Appia Antica die Katakomben von San Callisto und die Sebastian-Katakomben besichtigen.

Es finden immer wieder Führungen statt, welche Sie aber vorher bestenfalls reservieren sollten.

Diese finden immer Donnerstag bis Sonntag statt und kosten 39,50 €.

Ein besonderer Tipp, um die Landschaft komplett zu genießen, ist die Erkundung der Straße mit dem Fahrrad. Sogar organisierte Fahrradtouren werden angeboten und über diese können Sie sich vorab im Internet informieren.

## Circus Maximus

Im Circus Maximus fanden blutige Gladiatorenkämpfe und spannende Wagenrennen statt. Er war der Hauptaustragungsort für viele Wettkämpfe und Spiele der Stadt Rom.

Mit seinen 600 Metern Länge und ca. 150 Metern Breite war der Circus Maximus ein riesiges antikes Bauwerk, bei dem sich noch heute die Überreste besichtigen lassen.

Er wurde im 6. Jahrhundert auf einem trockengelegten Sumpf errichtet und später durch Julius Cäsar ausgebaut.

Das Kolosseum war eigentlich nicht der Hauptaustragungsort für Gladiatorenkämpfe und Spiele. Der Circus Maximus war diesbezüglich beliebter und er kam auf bis zu 200 Veranstaltungen, darunter Wagenrennen, Gladiatorenkämpfe, aber auch religiöse Veranstaltungen.

Der letzte Wettkampf im Circus Maximus fand 549 n. Chr. statt und legte den Austragungsort für viele Kämpfe und Veranstaltungen komplett still.

Leider ist vom damaligen Bauwerk nicht mehr viel übriggeblieben und man blickt nur noch auf einen Umriss des Circus Maximus.

Ein alter Turm und die Überreste der Tribünen sind noch zu besichtigen, ansonsten finden Sie nur noch eine große Wiese vor.

Jedoch treffen sich hier immer noch viele Touristen und er ist ein Lieblingsplatz für die Römer im Sommer. Hier wird gegrillt, Spaziergänge werden unternommen und es finden sogar Konzerte statt. 2014 traten hier die Rolling Stones auf und 2016 sogar der Musiker Bruce Springsteen.

Vom Circus Maximus ist es auch nicht weit bis zum Kolosseum, zum Forum Romanum und zum Bocca della Veritá. Verbinden Sie diese Sehenswürdigkeiten einfach miteinander und gestalten Sie sich einen spannenden Ausflugstag.

Adresse: Via del Circo Massimo, 00186 Roma

### Die Basilica di San Clemente al Laterano

Auf der Via Labicana entdecken Sie eine außergewöhnlich kleine Kirche. Die Basilica di San Clemente al Laterano ist eine wunderschöne Kirche. Unter ihr befinden sich Überreste von alten Wohnungen. Diese dienten zur Zeit Neros als Fundament für die darauf erbaute Kirche.

Sie liegt östlich des Kolosseums und wurde im 12. Jahrhundert auf einer Kirche aus dem 4. Jahrhundert erbaut. Darunter befanden sich ebenfalls Reste von Gebäuden.

Sie können die Katakomben und die unteren Schichten der alten Kirche noch heute besichtigen.

Eintritt:
Der Eintritt in die Kirche ist kostenlos
Der Eintritt für die unteren Schichten und die Katakomben kostet 10 €.
Öffnungszeiten:
Montag bis Freitag: 9:00 Uhr - 12:30 Uhr & 15:00 Uhr - 18:00 Uhr
Samstag und Sonntag: 12:00 Uhr - 18:00 Uhr
Adresse: Via Labicana 95, 00184, Roma

### Die Gruft der Kapuziner

Stellen Sie sich vor, Sie möchten eine einfache Kirche besichtigen und bekommen die Möglichkeit, sich so richtig zu gruseln. Ich verspreche Ihnen, diese Besichtigung ist die unheimlichste und ungewöhnlichste in ganz Rom.

In der Kirche Nostra Signora della Concezione dei Cappucini werden Sie Zeuge einer bizarren Szenerie. Aufgetürmte Schädelknochen, mit Knochen verzierte Wände und komplette Skelette dekorieren die Gruft der Kapuziner.

Die Kirche befindet sich etwas außerhalb der Stadt und es gibt dort auch ein kleines Museum, das über das Leben der Einwohner vor 400 Jahren berichtet.

Doch das eigentliche Highlight sind die verschiedenen kleinen Kapellen unterhalb der Kirche. Diese sind allesamt mit Knochen und Skeletten dekoriert. Sogar Schädel und Teile des menschlichen Körpers hängen an den Wänden oder formen einzelne Gebilde.

Die Gruft wurde zwischen 1626 und 1631 errichtet. Im Auftrag von Papst Urbanus VIII. entstand hier einer der düstersten Orte Roms.

Verstarb einer der Mönchsbrüder, öffneten die Kapuziner sein Grab und holten die Knochen heraus. Diese wurden dann für die Krypta als Dekoration genutzt – nicht um sie zur Schau zur stellen, sondern um sie zu ehren und an den Tod zu gedenken.

In der letzten Kapelle finden Sie die Botschaft „Quello che voi siete noi eravamo, quello che noi siamo voi sarete“. Dies bedeutet übersetzt „Genau das, was du jetzt bist, waren wir einst; was wir nun sind, wirst du.“

Die Gruften sind sogar in verschiedene Bereiche eingeteilt. Es gibt eine Schädelgruft, eine Beckengruft, eine Schienbein- und Oberschenkelgruft und die Gruft der drei Skelette.

Die beeindruckende Gruft ist nichts für zarte Gemüter, denn es gibt hier auch ein Babyskelett mit Waage und Sichel. Sie sollten sich also vorher überlegen, ob dieser Besuch für Sie geeignet ist. Spektakulär ist die Besichtigung alle Male, denn die Krypta regt zum Nachdenken an und hinterlässt bei allen Besuchern einen bleibenden Eindruck.

Eintritt:

Erwachsene: 8,50 €
Ermäßigt: 4 €
Öffnungszeiten:
täglich von 9:00 Uhr - 19:00 Uhr
Adresse: Via Vittorio Veneto, 27, 00187, Roma

**Terme di Caracalla**

Diese antiken Badeanlagen zählen neben den Diokletiansthermen und den Trajansthermen zu den größten Thermen Roms. Eröffnet wurden die Terme di Caracalla 216 n. Chr. und lockten damals viele Badegäste an. Gleichzeitig waren die Thermen auch der öffentliche Treffpunkt für die Römer und noch heute sind viele hohe Mauern und Kuppeln erhalten geblieben, die man besichtigen kann.

Eintritt:
Erwachsene: 8 €
ermäßigter Eintritt für EU-Bürger: 2 €
Kinder und Jugendliche: kostenlos
Adresse: Viate delle Termedi Caracalla 52, 00182, Roma

**Palazzo Colonna**

Das imposante und prunkvolle Gebäude der Familie Colonna sollten Sie auf alle Fälle besichtigen. Es ist eines der größten und ältesten römischen Paläste im Privatbesitz. Der Palast beinhaltet eine 76 Meter lange Galerie, die Galerie Colonna. Sie ist ein großer Schatz des römischen Barocks und gibt Ihnen einen majestätischen und prächtigen Einblick in die private Kunstsammlung des Anwesens.

Meisterwerke von Carracci, Salvator Rosa, Giovanni Lanfranco und vielen anderen Künstlern laden zum Staunen ein.

Mitte des 17. Jahrhunderts wurde die Galleria Colonna von Kardinal Girolamo I Colonna in Auftrag gegeben und begeistert mit ihren prunkvoll verzierten Sälen, die schon für sich allein atemberaubend sind. Die Säle erinnern ein bisschen an Schloss Versailles und Sie finden immer wieder Neues zu entdecken. Die Einrichtung und die gesamten Habseligkeiten der Familie Colonna wurden im Palazzo ausgestellt und möglichst originalgetreu wie damals hergerichtet.

Das Herz der Kunstsammlung setzt sich aus Skulpturen, Gemälden, Deckenmalereien und wunderschönen Möbelstücken zusammen. Benötigen Sie mehr Informationen zur Geschichte, finden Sie am Eingang, im Blauen Saal, im Saal der Kriegssäule und im Saal der Landschaftsmalerei verschiedene Broschüren und Informationen zur Familie Colonna.

Wenn Sie das Appartamento der Prinzessin Isabelle besichtigen möchten oder generell an Führungen durch das Palazzo interessiert sind, dann können Sie sich unter der Nummer +39 06 6784350 oder schriftlich über die E-Mail-Adresse info@galleriacolonna.it anmelden.

Eintritt: 12 €
Öffnungszeiten der Galerie:
Samstag 9:00 Uhr - 13:15 Uhr
Adresse: Via della Pilotta 17, Roma

**Domus Romane**

Das Domus Romane ist ein Palazzo aus dem 16. Jahrhundert und mitten im Zentrum Rom gelegen. Es ist seit 1873 der Sitz der Verwaltung der Provinz Rom und seit dem 1.1.2015 der Sitz der Hauptstadt Rom.

Sieben Meter unter dem Palazzo Valentini befindet sich eine beeindruckende Stätte römischer Geschichte. Es wurden Überreste von Bädern und luxuriösen Wohnhäusern des römischen Adels gefunden und restauriert.

Das besondere Highlight ist die virtuelle Projektion, die Sie zurück in das alte Rom reisen lässt. Durch diese Projektionen erfahren Sie auf spannende Art und Weise alles über das damalige Leben der Römer, Ihre Vorstellungskraft wird dadurch sehr gut unterstützt.

Es gibt tägliche Führungen in mehreren Sprachen, die Sie buchen können. Am besten melden Sie die Führung telefonisch an unter der Nummer:

+390622761280.

Öffnungszeiten:
Montag bis Sonntag: 9:30 Uhr - 18:30 Uhr
Dienstag: geschlossen
Adresse: Foro Traiano, 85, 00186, Roma

**Domus Aurea**

Der riesige Palast in Rom wurde von Kaiser Nero auf dem Gelände des damaligen Palastes Domus Transitoria errichtet. Domus Aurea ist lateinisch und bedeutet „das goldene Haus".

Es gleicht eher einem Landgut statt eines Palastes, denn die gesamte Fläche des Grundstückes beträgt um die 80 Hektar.

Die Wände und Decken wurden vom römischen Maler Fabullus bemalt und gestaltet. Durch zahlreiche Restaurierungsarbeiten war das Domus Aurea sehr oft gesperrt und für die Öffentlichkeit nicht zugänglich. Seit Februar 2017 ist es wieder für Besucher geöffnet und kann bei einer Führung besichtigt werden.

Zur damaligen Zeit besaß das Anwesen mehr als 300 Zimmer und nahm eine Fläche von ca. 50 Hektar zwischen den Hügeln Esquilin und Palatin ein. Das Gebäude besaß Decken, die mit Halbedelsteinen und Verzierungen aus Elfenbein geschmückt waren. Teure Mosaike, Schwimmbäder, kunstvolle Brunnen und ein künstlich angelegter See komplettierten das Anwesen. Die Wände waren außerdem mit Fresken verziert und die Zimmer mit weißem Marmor ausgestattet.

Heute sind von der Domus Aurea nur noch Bruchstücke vorhanden, mittels einer virtuellen Führung kann man jedoch in die damalige Zeit eintauchen und sich das Gebäude besser vorstellen.
Telefonnummer für Führungen: +39063996770
Öffnungszeiten:
Samstag und Sonntag: 9:15 Uhr - 16:15 Uhr
Montag bis Freitag: geschlossen

Adresse: Via della Domus Aurea 1, 00184, Roma

## Castel Sant' Angelo (Die Engelsburg)

Die Engelsburg wurde eigentlich als Mausoleum für den römischen Kaiser Hadrian und die nachfolgenden Herrscher errichtet. Der Baubeginn war 135 n. Chr. und später wurde sie von verschiedenen Päpsten zur Kastellburg umgebaut. Sie diente außerdem ab dem 10. Jahrhundert als Zufluchtsort für die Päpste, wenn diese Gefahren ausgesetzt waren. Die Engelsburg ist seit dem 13. Februar 1906 ein Museum.

Aufgeteilt ist sie in fünf Ebenen. Die unterste Ebene führt über eine spiralförmige Rampe, welche 122 Meter lang ist, zum Gefängnis und den Lagerräumen der zweiten Ebene.

Die dritte Etage hat zwei Innenhöfe und bringt Sie in die päpstlichen Gemächer und in das Museum.

Auf der vierten Ebene befinden sich das Papstappartement, mehrere Fresken sowie die Loggien und weiter oben gelangt man schließlich auf die Terrasse. Hier steht neben dem Bronzeengel die Armsünderglocke, welche Campana della Misericordia genannt wird. Sie soll an die Vergänglichkeit der Schönheit und die Unmenschlichkeit der Welt erinnern.

Ausgestellt sind Waffen, Möbel und Gebrauchsgegenstände, welche zu damaligen Zeiten genutzt wurden.

Besonders bei Nacht ist die Engelsburg sehr schön anzuschauen, wenn sie vom Licht angestrahlt wird.

Eintritt:
Erwachsene: 15 €
EU-Bürger: 7 €
Öffnungszeiten:
täglich 9:00 Uhr - 19:30 Uhr
Adresse: Lungotevere Castello 50, 00193, Roma

## Arcibasilica di San Giovanni in Laterano

Die Basilika ist eine der sieben Pilgerkirchen und eine der fünf Papstbasiliken Roms. Benannt wurde das Grundstück nach der römischen Familie Laterani.

In der Basilika Lateran wurden bis zum 19. Jahrhundert die Päpste gekrönt und Sie werden hier mehrere Papstgrabmäler vorfinden.

Am 9. November findet der Weihetag der Lateranbasilika statt, der in der gesamten katholischen Kirche als großes Fest gefeiert wird.

Die Basilika ist eines der ältesten Kirchengebäude von Rom und wurde durch ein Erdbeben stark beschädigt. 1650 wurde sie im Auftrag von Papst Innozenz X. wiederhergestellt.

Wirklich imposant ist der gotisch dekorierte Papstaltar mit den Reliquien von Paulus und Petrus. Die zwölf Statuen der Apostel wurden von Bernini und dessen Schülern erschaffen. Besichtigen Sie die reich verzierten Orgeln, den Kreuzgang und den Innenraum des Baptisteriums.

Eintritt: 10 €

Öffnungszeiten:

täglich 7:00 Uhr - 19:00 Uhr

Adresse: Piazza di S. Giovanni in Laterano 4, 00184, Roma

## DIE SCHÖNSTEN PLÄTZE UND GEHEIMTIPPS

Nur die typischen Sehenswürdigkeiten zu erkunden, ist doch viel zu einfach. Wie wäre es, wenn Sie ebenfalls eher geheime Orte besuchen und so Ihren Aufenthalt in Rom noch perfekter auf Ihre Bedürfnisse abstimmen können? Nicht jeder Tourist möchte stundenlang in Basiliken, Museen oder historischen Bauwerken umherwandern. Da kommen alternative Ideen und Tipps wie gerufen. Ich habe Ihnen meine persönlichen Highlights herausgestellt und gebe Ihnen einen erweiterten Blick auf die Stadt Rom.

### Cacio e Pepe

Im Viertel Prati finden Sie eine hübsche kleine Trattoria, die bei den Einheimischen sehr beliebt ist. Hier gibt es typisch römische Pasta Cacio e Pepe, was Käse und Pfeffer bedeutet.

Bestellen Sie in jedem Fall eine Portion Spaghetti Carbonara. Diese ist an Perfektion kaum zu überbieten. Knuspriger, gut gewürzter Pancetta in einer sämigen Sauce auf perfekt gegarten Spaghetti sorgen für ein Feuerwerk am Gaumen. Die Trattoria ist ein Tempel für Genießer und immer wieder qualitativ ein Höhepunkt.

Adresse: Via Giusseppe Avezzana 11, 00195, Roma

### Mercato Monti

Der Mercato Monti ist ein netter kleiner Markt mit Vintagestücken, Designschätzen und außergewöhnlichem Kunsthandwerk.

Sie werden von der speziellen Atmosphäre begeistert sein. Hier gibt es wirklich noch richtige Schnäppchen aus vergangenen Zeiten. Am besten inspizieren Sie die Stände genau, denn in den hintersten Kisten oder Ecken finden sich oft traumhafte Stücke.

Für Liebhaber von Retroartikeln und extravaganten Einzelstücken ist der Markt bestens geeignet. Auch selbstgemachter Schmuck und handgefertigte Unikate finden Sie hier zu erschwinglichen Preisen.

Öffnungszeiten:
Samstag und Sonntag: 10:00 Uhr - 20:00 Uhr
Adresse: Via Leonina 46/48, 00184, Roma

### Die Pyramide von Rom

Wer denkt, Pyramiden gäbe es nur in Ägypten, der wird nun eines Besseren belehrt. An der Via Ostiensis steht die Cestius Pyramide von Rom.

Das pyramidenförmige Grabmal des römischen Prätors und Volkstribun Gaius Cestius Epulo zieht viele Touristen in seinen Bann. Nach der Eroberung Ägyptens war es in Mode, Pyramiden als Grabstätten zu errichten. Von den zahlreichen Pyramiden der Stadt Rom ist nur noch die Cestius Pyramide übriggeblieben. Mit ihren 36,4 Metern ist sie natürlich nur eine Miniversion der ägyptischen Pyramiden, jedoch birgt ihr Innerstes eine sehenswerte Grabkammer, die allerdings nur im Rahmen einer Führung zugänglich ist.

Öffnungszeiten:
Samstag: 10:00 Uhr - 12:00 Uhr

Adresse: Via Raffaele Persichetti, 00153 Roma

**Vigamus: Videospielmuseum**

Zugeben, das Vigamus in Rom ist kein klassisches Museum, aber es ist auf jeden Fall bei Familien, Kindern und Videospielfreunden sehr beliebt. Es bietet eine kleine Abwechslung gegenüber den antiken Sehenswürdigkeiten in Rom.

Das Museum besitzt einen zentralen Bereich, der sich mit der Geschichte des Videospiels befasst. Von den 50er Jahren bis in die heutige Zeit werden hier alle Einzelheiten erklärt und vorgestellt.

Fünf bis sechs verschiedene Räume stehen voll mit seltenen Konsolen und Arcade-Automaten, an denen Sie sich richtig austoben können. Die Infotafeln sind auf Italienisch und auf Englisch verfasst und geben dem Besucher viele Informationen. Ein besonderes Highlight ist der Occulus Room, bei dem Sie Virtual-Reality-Helme testen können. Fragen Sie einfach an der Info nach.

Das Museum ist geeignet für große und kleine Besucher sowie für Familien und Gaming-Freunde.

Eintritt:
Erwachsene: 8 €
Kinder 6-14 Jahre: 5 €
Öffnungszeiten:
Täglich von 10:00 Uhr - 20:00 Uhr
Adresse: Via Sabotino 4, 00195, Roma

**Der Mund der Wahrheit (Bocca della Verità)**

In der Kirche Santa Maria in Cosmedin werden Ihnen immer wieder Touristen auffallen, die ihre Hand in ein scheibenförmiges Relief legen und aufgeregt Bilder davon schießen. Es handelt sich hier um den Bocca della Verità, den sogenannten Mund der Wahrheit. Zu finden ist das Relief in der Säulenhalle der Kirche und es ist dort an einer Wand angebracht. Das 2000 Jahre alte Relief aus Marmor stellt ein Gesicht dar, welches den Mund leicht geöffnet hat. Es hat einen Durchmesser von 175 cm und ist nicht zu übersehen. Es ist eines der am meisten fotografierten Sehenswürdigkeiten Roms und es fasziniert die Besucher immer wieder aufs Neue.

Der Legende nach soll demjenigen die Hand abgebissen werden, der seine Hand in das Maul legt und die Unwahrheit spricht. Im Mittelalter mussten Angeklagte ihre Hand in diesen Mund legen. War der Angeklagte unschuldig, wurde seine Hand verschont. Beschloss das Gericht allerdings, dass er schuldig war, so wurde seine Hand von einem Gehilfen abgeschlagen. So entstand der Mythos. Viele Touristen machen sich daher einen Spaß daraus und lassen sich mit dem Mund der Wahrheit ablichten.

Öffnungszeiten:
Täglich von 9:30 Uhr - 17:30 Uhr
Adresse: Piazza della Bocca della Verità, 18, 00186 Roma

**Der Monsterpark Bomarzo (Sacro Bosco)**

Den wohl ungewöhnlichsten Platz in Rom finden Sie an der Località Giardino, im Ort Bomarzo bei Viterbo in der Region Latium. Hier wurde ein Park mit sehr grotesken und äußerst dubiosen Skulpturen erschaffen. Der Sacro Bosco, auch Park der Ungeheuer genannt, wurde von Vicino Orsini als Erinnerung an seine damalige Ehefrau errichtet. Niemand weiß genau, was sich der Schöpfer des Parks dabei gedacht hat und es ist auch keine Geschichte oder ein roter Faden erkennbar – ein interessantes Wirrwarr an Monsterfiguren, Fabelwesen und Irrwegen. Die Rätsel und Inschriften werfen seit Jahrzehnten immer noch Fragen auf. Hier gibt es immer wieder etwas Neues zu entdecken und die Atmosphäre im Park lockt jedes Jahr immer wieder neue Besucher an. Jahrhunderte lang geriet der Park in Vergessenheit und war der Vegetation überlassen. Mitte des 20. Jahrhunderts hatte man den Park der Skurrilität wiederentdeckt und freigelegt, so dass er zu einer regelrechten Attraktion heranwuchs.

Zu sehen gibt es auch ein schiefes Haus, einen Tempel und ein überdimensionales Maul, welches man sogar betreten kann. Den Park sollten Sie sich nicht entgehen lassen, denn hier betreten Sie eine völlig andere Welt.

Eintritt:
Erwachsene: 11 €

Kinder von 4 bis 13 Jahre: 8 €

Öffnungszeiten:

April bis Oktober: 8:30 Uhr - 19:00 Uhr

November bis März: 8:30 bis Sonnenuntergang.

## Giolottis Eiscreme

Lassen Sie sich von der berühmtesten Eisdiele Roms verführen und genießen Sie hier fantastische Eiscreme oder andere Köstlichkeiten, wie zum Beispiel, Torten, Caprese Napoletana (Schokokuchen), Apfelkuchen, Zabaione und fantastischen Kaffee.

Eine phänomenale Auswahl an selbstgemachten Eissorten werden Sie überzeugen. Probieren Sie auf jeden Fall die Eissorte Dark Chocolate, Sie werden förmlich dahinschmelzen.

Als älteste Eisdiele Roms sorgt das Giolottis für exzellenten Service und beeindruckt mit seinem antiquierten Ambiente immer wieder aufs Neue.

Wichtig: Bezahlen Sie erst und suchen Sie sich dann Ihr Eis aus, denn die Schlange kann schon einmal sehr lang werden.

Öffnungszeiten:
Sonntag bis Samstag: 7:00 Uhr - 2:00 Uhr
Adresse: Via degli Uffici del Vicario, 40, 00186 Roma

## Das Horrormuseum Profondo Rosso

Wer Horrorfilme liebt, wird im Profondo Rosso, ein kleiner, aber feiner Horrorladen, vollkommen auf seine Kosten kommen.

Das Geschäft im Viertel Prati bietet eine wahnsinnige Auswahl an Merchandise und Filmartikeln der Horrorfilmszene. Es beherbergt außerdem ein Horrormuseum, das Museo degli Orrori, welches in einem düsteren Gewölbekeller unterhalb des Hauptgeschäftes liegt.

Ins Leben gerufen wurde das kleine extravagante Geschäft 1989 vom Kultregisseur Dario Argento, der bekannt war für seine morbiden Horrorschocker, wie zum Beispiel „Suspiria“ von 1977 oder „Phenomena“ von 1985. Der Name seines Geschäftes wurde ebenfalls nach dem Horrorstreifen „Profondo Rosso“ von 1975 benannt. Auch war er beteiligt an der Produktion von George A. Romeros „Dawn Of The Dead“ von 1978, welcher ihm zu mehr Popularität verhalf.

Im Museum lassen sich nachgestellte Szenen aus Argentos Filmen bewundern. Teilweise wurden hier sogar originale Requisiten verwendet.

Für Horrorliebhaber und Fans des Grusels ist das Geschäft eine wahre Fundgrube und sehr gut geeignet.

Eintritt Horrormuseum: 5 €
Öffnungszeiten:
Montag bis Samstag: 11:00 Uhr - 13:30 Uhr & 14:00 Uhr - 19:30 Uhr
Sonntags: geschlossen
Adresse: Via dei Gracchi, 260, 00192 Roma

**Die Gladiatorenschule und das Gladiatorenmuseum**

Wer träumt nicht davon, als Gladiator in der Arena zu kämpfen und seine Kampfkünste vorzuführen?

In der Gladiatorenschule, südlich von Rom auf der Via Appia Antica, können Sie mit Ihren Kindern gemeinsam das damalige Leben eines Gladiators kennenlernen. Sie nehmen an einem zweistündigen Gladiatorentraining der besonderen Art teil und erhalten sogar eine anfängliche Führung durch das Museum.

Nach der Führung erhält jeder Teilnehmer seinen speziellen

Gladiatorennamen und wird in die Kampfkunst mit Schwert und Schild eingeführt. Anschließend kämpfen Sie in einer Arena gegen die anderen Teilnehmer und bekommen eine Urkunde für Ihre Teilnahme.

Ein riesiger Spaß für die ganze Familie, denn geeignet ist das Training für alle Altersklassen ab sechs Jahren.

Online können Sie die Kurse im Voraus buchen.
Preise: ab 80 €
Startzeiten:
9:00 Uhr/11:00 Uhr/15:00 Uhr/17:00 Uhr
Adresse: Via Appia Antica, 18, 00179 Roma

**Buco di Roma (Das Schlüsselloch)**

Begeben Sie sich auf den Aventin. Hier gibt es einen der besten Hotspots in Rom. Es ist keine typische Sehenswürdigkeit oder ein historisches Gebäude, welches zahlreiche Besucher anlockt.

Auf dem Hügel Aventin finden Sie das „buco di roma", auch genannt das Schlüsselloch von Aventin, dass Ihnen einen fantastischen Ausblick und ein tolles Fotomotiv bietet. Denn durch dieses Schlüsselloch entdecken Sie eine optische Täuschung, bei der die Kuppel des Petersdoms zum Greifen nahe wirkt.

Zu finden ist das Schlüsselloch auf der Piazza di Cavalieri di Malta. Sie können es nicht verfehlen, da sich immer Gruppen von Touristen um die prächtig verzierte neoklassizistische Mauer scharen. Ein grünes Portal verbirgt dieses süße Geheimnis, welches ein echter Geheimtipp in Rom geworden ist. Wenn Sie hindurchschauen, thront der Petersdom genau in der Mitte, umgeben von einer satten, traumhaften Grünanlage. Aber auch die umliegenden Gärten, wie der Orangengarten, der „Giardino degli Aranci" oder der Rosengarten sind sehenswert und laden zum Verweilen ein. Die Kirche Santa Sabina und der antike Brunnen sind weitere Sehenswürdigkeiten, die Sie auch auf Ihre To-Do-Liste schreiben sollten.

Adresse: Piazza di Cavalieri di Malta, Via di Santa Sabina, 00153 Roma

**Die Katakomben Roms**

Steigen Sie hinab in Roms Unterwelt und lassen Sie sich von den alten Katakomben den Atem rauben.

Die bekanntesten Katakomben Roms sind an der Via Appia Antica, der Via Salaria und der Via Labicana aufzufinden.

Über 60 Katakomben gibt es in der antiken Stadt, doch nur ein Bruchteil davon ist öffentlich für Touristen zugänglich, weil Sie einsturzgefährdet sind oder noch archäologisch erforscht werden. Die Via Appia Antica beherbergt die Calixtus-Katakomben, die Sebastian-Katakomben und die Domitilla-Katakomben.

Die unterirdischen Gänge und Galerien wurden damals als Ruhestätten für die Verstorbenen genutzt. Der Grund für die Anlegung der Katakomben war die Hygiene. Damals war es verboten, die Toten innerhalb der Stadtmauern zu begraben. So konnten Seuchen und Krankheiten vorgebeugt werden.

Auch wurden hier Urnen der Adeligen aufbewahrt und geehrt, die eingeäschert wurden. Dieses Privileg kam nur der Oberschicht zu Gute. Alle anderen christlichen Bürger mussten ihre Angehörigen in den Katakomben selbst bestatten. Hier war der Glaube an die Auferstehung maßgeblich.

Die Katakomben hatten aber auch noch einen anderen Zweck. Sie dienten zwischenzeitlich als Versteck für Päpste oder auch als Versammlungsort.

Das Wort Katakomben stammt aus dem Griechischen und bedeutet „coemeterium", was nichts anderes als Schlafraum heißt.

### Calixtus-Katakomben

Eines der größten Katakombensysteme Roms sind die Calixtus-Katakomben. Sie entstanden um 150 n. Chr. und befinden sich in der Nähe der kleinen Kirche „Domine Quo Vadis" im Süden Roms. Sie wurden nach dem Bischof Calixtus I. benannt und erstrecken sich bis zu 20 Meter tief unter die Erde. 16 Päpste und mehrere bekannte Märtyrer liegen in den Calixtus-Katakomben begraben, was sie zu einem regelrechten Touristenmagneten macht.

Eintritt:
Erwachsene: 8 €
Kinder von 7 bis 15 Jahre: 5 €
Kinder unter 7 Jahre: kostenlos
Öffnungszeiten:
täglich 9:00 Uhr - 12:00 Uhr &14:00 Uhr - 17:00 Uhr

Mittwochs: geschlossen
Adresse: Via Appia Antica 136, 00179 Roma

**Sebastian-Katakomben**

Laut antiken Überlieferungen liegen in den Sebastian-Katakomben Überreste von drei bekannten Märtyrern.

Darüber hinaus weisen über 600 Inschriften auf vergrabene Reliquien der Apostel Paulus und Petrus hin, welche immer noch erforscht werden.

Man kann die Sebastian-Katakomben durch Führungen besichtigen und sich so mitreißen lassen von dem speziellen düsteren Flair und der Geschichte Roms.

Eintritt:
Erwachsene: 8 €
Kinder von 7 bis 15 Jahre: 5 €
Kinder unter 7 Jahre: kostenlos
Öffnungszeiten:
täglich 10:00 Uhr - 17 Uhr
Sonntags: geschlossen

**Domitilla-Katakomben**

In diesen Katakomben finden Sie wunderschön verzierte Grabräume und detailreiche Verzierungen an den Wänden. Die Domitilla-Katakomben sind noch nicht komplett erforscht und somit ist ein Teil der Katakomben nicht für Besucher zugänglich, da hier noch archäologische Ausgrabungen stattfinden.

Man fand heraus, dass Anfang des 4. Jahrhunderts hier auch die Märtyrer Nereus und Achilleus beigesetzt wurden.

Die Katakomben wurden bis ins hohe Mittelalter sogar als Pilgerzentrum genutzt.

Eintritt:

Erwachsene: 8 €
Kinder von 7 bis 15 Jahren: 5 €
Kinder unter 7 Jahren. Kostenlos
Öffnungszeiten:
täglich 9:00 Uhr - 12:00 Uhr & 14:00 Uhr - 17:00 Uhr
Adresse: Via delle Sette Chiese, 282, 00147 Roma

**Priscilla Katakomben**

Die Priscilla Katakomben bieten eine faszinierende Unterwelt mit unterirdischen Grabkammern und Gängen, welche 13 km lang sind und sich unterhalb des Benedikterklosters Priscilla befinden.

Viele Märtyrer fanden hier ihre letzte Ruhestätte und durch die prächtigen und gewaltigen Inschriften auf Latein und Griechisch zählt die Priscilla-Katakombe als „Königin der Katakomben" zu den beeindruckendsten.

Sie liegt etwas außerhalb des Zentrums und wurde aus einem alten Steinbruch zwischen dem späten 2. Und dem 4. Jahrhundert erschaffen.

Eintritt:
Erwachsene: 8 €
Kinder von 7 bis 15 Jahre: 5 €
Kinder unter 7 Jahre: kostenlos
Öffnungszeiten:
täglich 9:00 Uhr - 12:00 Uhr & 14:00 Uhr - 17:00 Uhr
Montags: geschlossen
Adresse: Via Salaria, 430, 00199 Roma

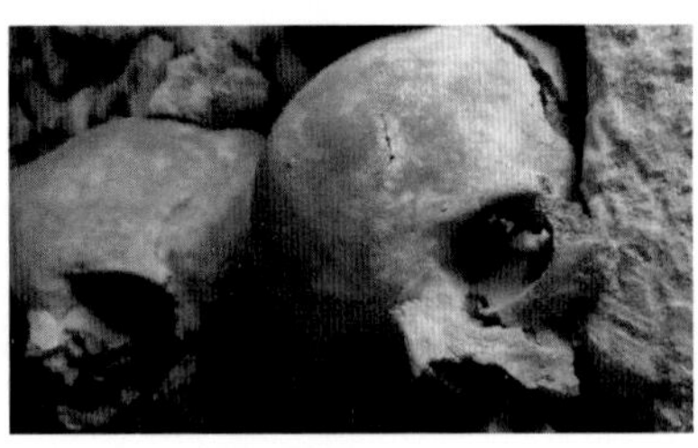

# DER VATIKAN

Der Vatikan ist das Zentrum der katholischen Kirche. Dies ist der Sitz des amtierenden Papstes sowie der obersten Instanz der katholischen Kirche, der römischen Kurie und des Vatikanstaats. Der Papst ist das Oberhaupt und der Vertreter aller religiösen Handlungen.

Nach einem in der Nähe des Tiberufers gelegenen Hügels, „mons vaticanus", wurde der Vatikan benannt, die Bedeutung von „vaticanus" ist allerdings nicht bekannt.

Berühmte Bauwerke und Sehenswürdigkeiten des Vatikans sind der Petersdom mit dem Petersplatz, die Vatikanischen Museen und Paläste sowie die Vatikanischen Gärten.

Außerhalb des Vatikanstaats gelegen befindet sich die Sommerresidenz des Papstes Castel Gandolfo und die päpstliche Universität Gregoriana, außerdem noch zahlreiche Basiliken und Kirchen sowie Gebäude im Privatbesitz.

## Geschichtliches

Am Abhang des Vatikans befindet sich das Petrusgrab, welches seit dem 2. Jahrhundert verehrt wurde. Jedoch wurde es durch den ersten christlichen Kaiser Konstantin durch eine Kirche überbaut. Dies geschah zu Ehren des heiligen Petrus.

Die St. Peter Basilika wurde daraufhin zu einem wichtigen Ziel für Pilger. Der Papst residierte zu dieser Zeit noch im Lateranpalast und im 15. Jahrhundert wurde dieser Sitz aufgegeben. Es schien durch die Nähe zum Grab des Petrus geeigneter, den Sitz des Papstes in die St. Peter Basilika zu verlegen. Bald darauf wurden die Vatikanischen Paläste ausgebaut und bis in das 17. Jahrhundert hinein zu den größten Palästen der Welt.

Im 19. Jahrhundert wurde der Kirchenstaat durch die nationale Einigung Italiens dazu gezwungen, sich unterzuordnen. Erst 1929 wurde der Vatikan durch den Diktator Benito Mussolini als eigenständige Nation bestätigt. Somit erlangte der Vatikan seine Macht als Kirchenstaat wieder.

Das Gebiet um den Petersdom heißt „Staat der Vatikanstadt".

### Der Vatikan heute

Der kleinste, unabhängige Staat der Welt ist der Vatikan. Er hat nur knapp 1.000 Einwohner und erstreckt sich auf nur 0,44 Quadratkilometern.

Durch die Wahlmonarchie wird der Papst von den Kardinälen gewählt und tritt so sein Amt auf Lebenszeit an. Der Papst besitzt die Autorität der Gesetzgebung, des Gerichts und des ausführenden Organs der katholischen Kirche. Diese Macht besitzt er nur innerhalb des Vatikans, außerhalb beschränkt sich seine Aufgabe auf den geistlichen Vertreter der katholischen Kirche.

Der Vatikan besitzt eine eigene Nationalhymne, ein eigenes Wappen, ein eigenes Autokennzeichen sowie eine Bank und eine Post. Die UNESCO hat den Vatikan 1984 zum Weltkulturerbe ernannt.

### Wissenswertes

Sie sollten den Vatikan am besten in den Wintermonaten besuchen, denn dann sind die Wartezeiten eher geringer. Die Monate November bis Februar eigenen sich bestens für Erkundungstouren rund um den Vatikan.

In den Sommermonaten kann es vorkommen, dass Sie sich die Sehenswürdigkeiten nicht in aller Ruhe anschauen können, weil es so voll ist und die Besucher regelrecht weiter gedrängt werden. Stehen bleiben ist daher keine gute Idee.

Unter der Woche eignet sich der Freitag zur Besichtigung der Museen, denn hier haben die Museen abends länger geöffnet. Wichtig ist allerdings, dass Sie sich für den Besuch vorher registrieren. Planen Sie Ihren Besuch immer im Voraus.

Mittwochs ist es im Vatikan sehr voll, da der Papst an diesem Tag eine Generalaudienz abhält. Diese findet immer um 10:30 Uhr statt und zieht viele Gläubige an. Kommen Sie aber bloß nicht zu spät, denn die Sitzplätze sind rar. Spätestens um 5 Uhr morgens sollten Sie vor Ort sein.

Beim Besuch des Petersdoms und der Sixtinischen Kapelle müssen Sie unbedingt auf die Kleidervorschriften achten. Schultern und Knie müssen verdeckt sein und Hüte und Mützen sind untersagt.

Die Wartezeiten bei den Vatikanischen Museen kann teilweise bis zu drei Stunden dauern. Dies kann in der prallen Sonne etwas unangenehm werden und Sie sollten sich darauf einstellen.

Dienstag, Donnerstag und Freitag sind die besten Tage, um den Vatikan zu erkunden, da es an den anderen Tagen zu vermehrtem Andrang kommen kann.

## ESSEN UND TRINKEN

In Rom gibt es ein riesiges Angebot an Restaurants und Lokalen, bei denen Ihnen das Wasser im Mund zusammenlaufen wird. Gutes Essen bedeutet Leidenschaft und wird in Italien ausführlich zelebriert. Das werden Sie merken, wenn Sie sich für ein üppiges Mahl entscheiden. Zeit und Genuss ist für den Italiener äußerst wichtig und Speisen werden mit viel Respekt zu sich genommen. Dazu gönnt sich der Italiener ein köstliches Glas Wein. Und zum krönenden Abschluss einer Mahlzeit bestellen Sie sich einen Espresso.

Eine kleine Übersicht über verschiedene Lokalitäten finden Sie im folgenden Kapitel.

### Tuna

Auf der Via Veneto gönnen Sie sich in diesem schicken Fischrestaurant schmackhafte Gerichte rund um die Meeresbewohner. Die Besitzerin ist eine Frühaufsteherin und macht sich jeden Morgen auf den Weg zum Markt, um frischen Fisch zu kaufen. Zwar müssen Sie hier mit höheren Preisen rechnen, jedoch sind die Qualität und die Verarbeitung der Speisen exzellent. Jakobsmuscheln, Hummer und Austern stehen auf der Speisekarte – für Feinschmecker und Liebhaber von Meeresfrüchten ein wahres Paradies.

Öffnungszeiten:
Montag bis Freitag: 12:30 Uhr - 15:00 Uhr & 19:30 Uhr - 0:00 Uhr
Adresse: Via Vittorio Veneto 11, 00187 Roma
Website: www.tunaroma.it

### Osteria d'Ingegno

Gegenüber des Hadriantempels befindet sich das Restaurant Osteria d'Ingegno, ein wahrer Geheimtipp. Es ist bekannt für seine fröhliche und unkonventionelle Art und die Gerichte sind oft größer und ausgefallener als bei der Konkurrenz. Es gibt Salate, Fleischgerichte und auch leckere Aperitifs.

Öffnungszeiten:
täglich 12:30 Uhr - 15:00 Uhr & 17:00 Uhr - 0:00 Uhr

Adresse: Piazza di Petra 45, 00186 Roma

**Art Studio Café**

Ein ausgefalleneres Café finden Sie nirgendwo sonst. Hier sitzen Erwachsene an den Tischen und fertigen Mosaike an, während sie einen Kaffee trinken. Im hinteren Bereich basteln Kinder und die verrückten Kunstwerke werden anschließend im Café verkauft. Wenn Sie sich gerne kreativ austoben möchten oder Kinder haben, ist das Café ein netter kleiner Zeitvertreib.

Öffnungszeiten:
Montag bis Samstag: 7:30 Uhr - 21:30 Uhr
Adresse: Via dei Gracchi 187a, 00192 Roma
Website: www.artstudiocafe.it

**L'Arcangelo**

Wenn Sie nach der Einrichtung gehen, sieht das Ambiente eher etwas steif und kalt aus, doch die Gerichte und die Kreativität des Chefkochs Arcangelo Dandini sind ausgezeichnet. Leckere römische Gerichte, die er selbst neu interpretiert, begeistern die Gäste immer wieder aufs Neue. Hier gibt es Gerichte wie frittiertes Kaninchen, Zitronenpastete und sogar Oktopus-Salat. Ihr Gaumen wird diese Geschmacksexplosion unwiderstehlich finden.

Öffnungszeiten:
Montag bis Freitag: 13:00 Uhr - 14:30 Uhr & 20:00 Uhr - 23:30 Uhr
Adresse: Via Guiseppe Giocchino Belli 59-61, 00193 Roma

**Antico Caffé della Pace**

Einen Cappuccino trinken und die Welt ist wieder in Ordnung. Beobachten Sie das Treiben der Leute und lassen Sie den Blick schweifen. Sehr schön ist die Terrasse mit den Mauern voller Efeu und die Einrichtung des Cafés ist im Jugendstil gehalten. Seit 1891 gibt es das charmante Café, in dem auch öfters Prominente zu Gast sind.

Öffnungszeiten:
täglich 9:00 Uhr - 2:00 Uhr
Adresse: Via della Pace 3-7, 00186 Roma
Website: www.cafedellapace.it

**Chiostro del Bramante**

Ein unvergesslicher Moment, wenn man zu Mittag isst und sich auf dem Balkon eines alten Klosters befindet. Das Bistro Chistro del Bramante hat nicht nur einen tollen Ausblick zu bieten, sondern auch noch leckere Gerichte. Sie müssen nicht unbedingt das Museum besuchen, um hier zu essen. Gehen Sie einfach durch den Eingang des Museums und schlemmen Sie drauf los.

Öffnungszeiten:
Dienstag bis Sonntag: 10:00 Uhr - 23:00 Uhr
Adresse: Arco della Pace 5, 00186 Roma
Website: www.chiostrodelbramante.it

**Gelateria del Teatro**

Ein fantasievolles Eiscafé mit außergewöhnlichen Eissorten wartet hier auf Sie. Neben einem kleinen Theater liegt die Gelateria del Teatro ganz versteckt und kann mit hervorragendem Eis überzeugen. Haben Sie schon einmal Himbeereis mit Salbei probiert? Oder Schokoladeneis mit Wein? Hier finden Sie die unmöglichsten Kreationen, die Ihr Herz höherschlagen lassen. Sogar Wassereis gibt es hier und bei der Hitze in Rom ist ein leckeres Eis Gold wert.

Öffnungszeiten:
täglich 11:00 Uhr - 23:00 Uhr
Adresse: Via del San Simone 70, 00186 Roma

**OS Club**

In der Nähe des Kolosseums liegt der OS Club. Er ist ein von Mauern umgebener Garten mit bunten Sitzmöglichkeiten. Er ist der Treffpunkt der Stadt. Möchten Sie elegant zu Abend essen? Im OS Club kommt sogar der Chefkoch zu Ihnen an den Tisch und wird Ihnen persönlich die Speisekarte vorstellen. In den Sommermonaten ist es möglich, im angrenzenden Schwimmbad zu baden und wenn Sie eine Party bevorzugen, dann kommen Sie am Wochenende hierher, denn dann legen die trendigsten DJ's auf.

Öffnungszeiten:
Dienstag bis Sonntag: 9:30 Uhr - 2:00 Uhr
Adresse: Via delle Terme di Traiano 4, 00184 Roma
Website: www.osclub.it

### Urbana 47

Sehnen Sie sich nach einem köstlichen Wein oder einem erfrischenden Bier, sind Sie im Urbana 47 genau an der richtigen Adresse. Regionale und saisonale Produkte werden hier angeboten. Die witzigen Möbel im Retrostil können Sie sogar kaufen, wenn Sie möchten.

Öffnungszeiten:
Montag bis Samstag: 12:30 Uhr - 15:00 Uhr & 19:30 Uhr - 0:00 Uhr
Adresse: Via Urbana 47, 00184 Roma
Website: www.urbana47.it

### Er Baretto

Schlürfen Sie im Er Baretto einen wunderschön verzierten Cappuccino und setzen Sie sich auf die ruhige Terrasse. Die Brüder Emad und Marco wissen genau, wie Sie ihre Kundschaft verzaubern können. Blumen, Muster und witzige Designs machen aus Ihrem Cappuccino ein richtiges Kunstwerk. Da ist es doch klar, dass Sie den Kaffee doppelt genießen müssen.

Öffnungszeiten:
täglich 7:00 Uhr - Open End
Adresse: Via del Boschetto 132, 00184 Roma

### Al vino Al vino

Stimmungsvolle Jazzmusik, Kerzenlicht und freundliche Bedienungen machen aus dem Besuch des Al vino Al vino eine Attraktion. Man fühlt sich wie Zuhause und gut aufgehoben. Noch dazu beeindrucken die vielfältige Weinkarte und die leckeren Aperitifs, wie zum Beispiel gefüllte Auberginen oder Käse.

Öffnungszeiten:
Montag bis Donnerstag und Sonntag: 17:30 Uhr - 0:30 Uhr
Freitag und Samstag: 17:30 Uhr - 1:30 Uhr
Adresse: Via dei Serpenti 19, 00184 Roma

### Caffè Capitolino

Das Café gehört zwar zu den Kapitolinischen Museen, doch Sie dürfen auch ohne Museumsbesuch zu Mittag essen. Sie bekommen einen spektakulären Blick auf Rom und am besten genießen Sie Ihr Essen auf der Terrasse. Trotz Selbstbedienung ist das Café teurer als in der Innenstadt, aber das ist es auf jeden Fall wert. Der Eingang befindet sich am Ausgang des Museums, um genauer zu sein, an der Piazza Caffarelli.

Öffnungszeiten:
Dienstag bis Samstag: 9:00 Uhr - 19:00 Uhr
Adresse: Piazzale Caffarelli 4, 00186 Roma

### Osteria degli Amici

Antipasti und leckere Pasta lassen Sie Ihre Sorgen vergessen. Hier im Restaurant fühlen Sie sich wie bei einem Abend mit Freunden und Sie werden auch noch so herzlich behandelt. Hier fällt einem die Entscheidung wirklich schwer, denn alles in diesem Restaurant schmeckt vorzüglich und ist besonders liebevoll zubereitet.

Öffnungszeiten:
Montag, Mittwoch bis Sonntag: 10:30 Uhr - 15.00 Uhr & 18:30 Uhr - 0:30 Uhr
Adresse: Via Nicola Zabaglia 25, 00153 Roma
Webseite: www.osteriadegliamici.info

**Felice a Testaccio**

Es gibt jeden Tag ein anderes traditionelles Gericht, dass Sie in seinen Bann ziehen wird. Tortellini, Fisch oder auch Rindfleischrouladen sorgen für zufriedene Gäste. Das Restaurant ist oft sehr voll, weshalb es sich lohnt, vorab einen Tisch zu reservieren.

Öffnungszeiten:
Montag bis Samstag: 11:30 Uhr - 14:45 Uhr & 20:00 Uhr - 23:30 Uhr
Adresse: Via Mastro Giorgio 29, 00153 Roma

**Palatium**

Eine moderne schicke Weinbar, in der Sie zu angemessenen Preisen qualitativen Wein genießen können. Probieren Sie auch die kleinen Häppchen, die ein wahrer Gaumenschmaus sind und perfekt zum Wein passen. Natürlich können Sie sich hier auch ausgiebig zu jeglicher Art von Wein beraten lassen.

Öffnungszeiten:
Montag bis Samstag: 11:00 Uhr - 2:00 Uhr
Adresse: Via Frattina 94, 00187 Roma

**Zazà**

Möchten Sie biologische Pizza probieren, die noch dazu super lecker ist? Im Zazà ist dies möglich. Ausgefallene Zutaten wie Trüffel, Chicorée, Brie und Ricotta verleihen der Pizza die perfekte Note. Bei Regen müssen Sie es sich allerdings woanders gemütlich machen, denn hier können Sie nur draußen sitzen. Warum nicht mit einem Regenschirm eine Pizza genießen?

Öffnungszeiten:
Montag bis Samstag: 9:00 Uhr - 23:00 Uhr
Adresse: Piazza di Sant' Eustachio 49, 00186 Roma

**Il Margutta Ristor Arte**

Seit 1979 gibt es dieses vegetarische Restaurant nun schon und noch immer begeistert es mit seinen vielfältigen Speisen. Der Innenraum des Restaurants ist futuristisch und mit zeitgenössischer Kunst ausgestattet. Mittags wird ein Brunch-Buffet angeboten und abends können Sie zwischen vielen frischen und gesunden Gerichten wählen.

Öffnungszeiten:
täglich 12:30 Uhr - 15:30 Uhr & 19:30 Uhr - 23:30 Uhr
Adresse: Via Margutta 118, Roma
Webseite: www.ilmargutta.it

**Rosciolo**

Hier finden Sie die besten Brotsorten und die wohl bekannteste Pizza Bianca. Dazugehörig um die Ecke ist die Salumeria/Vineria Rosciolo, wo Sie Wein, Käse und Schinken kaufen können. Hier gibt es einiges zu probieren und zu entdecken. Dazu können Sie sich niederlassen und leckere Spaghetti Carbonara zu sich nehmen. Abends sollten Sie besser reservieren, da das Rosciolo sehr gut besucht ist.

Öffnungszeiten:
Montag bis Samstag: 12.30 Uhr - 16:00 Uhr & 20:00 Uhr - 0:00 Uhr
Adresse: Via dei Chiavari 34, 00186 Roma
Webseite: www.anticofornoroscioli.com

**Freni e Frizioni**

In einer ehemaligen Garage wurde hier eine außergewöhnlich hippe Bar eröffnet. Das Mobiliar besteht aus Vintage und Kunstgegenständen und in jeder Ecke finden Sie etwas anderes zu entdecken. Genießen Sie einen besonders guten Mojito oder schlemmen Sie vom Sonntagsbrunch. Wenn Sie sich hier einen Aperitif bestellen, dürfen Sie den ganzen Abend lang vom Buffet essen.

Öffnungszeiten:
täglich 10:00 Uhr - 2:00 Uhr
aperitivo 19:00 Uhr - 22:30 Uhr
Adresse: Via del Politeama 4-6, 00153 Roma
Webseite: www.freniefrizioni.com

## AUSGEHEN UND NACHTLEBEN IN ROM

Rom ist, was das Nachtleben angeht, sehr vielseitig. Es gibt viele Diskotheken und Szenelokale, die Ihnen Unterhaltung und Spaß in den Abendstunden versprechen. Genießen Sie die besondere Abendstimmung in Cafés und Bars und verbringen Sie einen unvergesslichen Abend. Wichtige Treffpunkte für das Nachtleben finden sich zwischen der Piazza Navonna, dem Pantheon und dem Viertel Trastevere.

### Auditorium Parco della Musica

Eines der größten Konzertgebäude Roms ist das Auditorium. Es wurde vom Architekten Renzo Piano entworfen und ist mit seinen drei Sälen um ein zentrales Theater herum angelegt. Es ist außerdem der Hauptsitz des Symphonieorchesters Roms, der Academia di Santa Cecilia. Sie haben sogar die Möglichkeit, das Gebäude im Rahmen einer Führung zu besichtigen. Es wäre doch wirklich einmal interessant, hinter die Kulissen eines Konzertgebäudes zu schauen.

Öffnungszeiten Kasse:
täglich 11:00 Uhr - 20:00 Uhr
Adresse: Via Pietro de Coubertin 30, 00196 Roma
Webseite: www.auditorium.com

### Casa del Jazz

Auch wenn Sie in Rom nicht über die Mafia sprechen sollten, können Sie in der ehemaligen Villa eines Mafiabosses nun ein- und ausgehen. Die Villa wurde umfunktioniert in einen Konzertsaal, ein Aufnahmestudio, ein Restaurant und einen Plattenladen. Außerdem gibt es noch einen Garten für Konzerte, wo Sie den Klängen verschiedenster Künstler lauschen dürfen. Wenn das einmal kein ausgefallener Ort für die Abendgestaltung ist?

Öffnungszeiten:
siehe Webseite
Adresse: Viale di Porta Ardeatina 55, 00153 Roma
Webseite: www.casajazz.it

### Big Mama

Der beliebteste Blues Club im Viertel Trastevere kann durch vieles mehr überzeugen als nur mit Blues Musik. Rockmusiker und auch Jazzmusiker treten hier auf und begeistern das Publikum seit Jahren. Zusätzlich zu dem Konzertpreis müssen Sie noch einen Mitgliedsbeitrag zahlen.

Öffnungszeiten:
Dienstag bis Samstag: 21:00 Uhr - 1:30 Uhr
Adresse: Vicolo San Francesco a Ripa 18, 00153 Roma
Webseite: www.bigmama.it

### Circolo degli Artisti

Das Circolo degli Artisti konnte seit über 20 Jahren seine Besucher für Konzerte jeglicher Art überzeugen. Wenn Sie Musiker aus aller Welt erleben wollen, dann ist dieser Veranstaltungsort perfekt dafür geeignet. Egal ob Rockmusik, Indie, House oder Pop, hier sind alle Interpreten vertreten. Das Beste ist, nach dem Konzert geht es erst richtig los, denn dann können Sie noch zu DJ-Musik bis in die tiefe Nacht hinein tanzen. In den Sommermonaten finden die Konzerte meist draußen im riesigen Garten statt und Sie können leckere Cocktails und Pizza genießen.

Öffnungszeiten:
siehe Webseite
Adresse: Via Casilina Vecchia 42, 00182 Roma
Webseite: www.circolodegliartisti.it

### Joia

In Testaccio finden Sie diesen schicken Club, bei dem die Türsteher sehr auf die Kleiderwahl achten, also putzen Sie sich besonders gut heraus. Mittwochs und freitags ist es hier sehr voll und die Stimmung ist sehr gut. Eine Bar befindet sich auf dem Dach des Joia und Sie können, bevor Sie auf der Tanzfläche das Tanzbein schwingen, sehr leckere Drinks bestellen.

Öffnungszeiten:
täglich 21:30 Uhr - 5:00 Uhr

Adresse: Via Galvani 20, 00153 Roma
Webseite: www.joiacafe.it

**Micca Club**

Tanzen Sie in einem alten Gewölbekeller zu Elektromusik und lassen Sie sich zu einem Aperitivo hinreißen, diese sind hier fantastisch. Früher war der Club ein alter Weinkeller und wird heute auch für Vintagemärkte und verschiedene Shows, wie zum Beispiel Burlesqueshows, genutzt. Über die Webseite melden Sie sich an und bezahlen einen deutlich geringeren Preis.

Eintritt: 15 €
Öffnungszeiten:
Donnerstag bis Sonntag: 9:00 Uhr - 2:00 Uhr
Adresse: Via Pietro Micca 7a, 00187 Roma
Webseite: www.miccaclub.com

# SHOPPING BIS ZUM UMFALLEN

In Rom haben Sie die Möglichkeit, alles zu kaufen, wonach es Ihnen beliebt. Mode, Accessoires, Luxusartikel, Möbel oder auch ausgefallenere Dinge finden Sie in der ewigen Stadt zu Genüge. Lassen Sie sich durch einen Stadtbummel verzaubern und vom italienischen Flair mitreißen. Wenn Sie auf Entdeckungstour gehen, entdecken Sie bestimmt noch das ein oder andere Schätzchen in den verwinkelten Gassen der Stadt. Auch die Designer lassen hier keine Wünsche übrig. Ausgedehnte Schaufensterbummel gehören hier zum guten Ton. Ich stelle Ihnen nun ein paar Geschäfte und Highlights des römischen Shoppinghimmels vor und wünsche Ihnen viel Spaß beim Einkaufen und Stöbern.

**Moriondo e Gariglio**

Das Moriondo e Gariglio ist ein Schokoladengeschäft, welches 1886 von zwei Meisterchocolatiers eröffnet wurde. Hier können Sie köstliches Marzipanobst und leckere kandierte Früchte kaufen. Für Naschkatzen ist dies das perfekte Geschäft.

Das Geschäft selbst erinnert an eine Pralinenschachtel, da die Wände in

Rot gehalten sind. Und an Weihnachten und Ostern gönnen sich die Inhaber keine Ruhe, sondern machen dann für ihre Kunden auch schon einmal Überstunden.

Öffnungszeiten:
Montag bis Samstag: 9:00 Uhr - 19:30 Uhr
Adresse: Via del Pie'di Marmo 21-22, 00186 Roma
Website: www.moriondoegariglio.com

**Ai Monasteri**

Sind Sie auf der Suche nach den besten Klosterprodukten Italiens? Bei Ai Monasteri werden Sie fündig. Seit Jahrhunderten stellten Mönche Heiltränke und Salben aus Pflanzen und Kräutern her. Dank dieser Kunst können Sie sich im Geschäft gerne beraten lassen und sich nach Herzenslaune mit hilfreichen Tinkturen und Salben eindecken. Im Sortiment gibt es Zahnpasta mit Salbei, Shampoo mit Rosenwasser und glückbringende Elixiere. Ein Besuch wird Sie bestimmt überzeugen.

Öffnungszeiten:
Montag, Mittwoch und Freitag: 10:00 Uhr - 13:00 Uhr & 16:30 Uhr - 19:30 Uhr
Donnerstag und Samstag: 10:00 Uhr - 13:00 Uhr
Adresse: Via di S. Bartolomeo de' Vaccinari, 17, 00186 Roma
Website: www.ai-monasteri.com

**L'Autre Chose**

In der netten Boutique kleiden sich die schönsten Frauen Roms ein und stöbern durch das Angebot von Businesskleidung und eleganten Schuhen. Noch dazu bekommen Sie freundliche und kompetente Beratung in Sachen Mode. Die luxuriöse Mode und die hochwertigen Designs lassen keine Wünsche offen.

Öffnungszeiten:
Montag: 14:00 Uhr - 19:00 Uhr
Dienstag bis Samstag: 10:00 Uhr - 13:00 Uhr & 14:00 Uhr - 19:00 Uhr
Adresse: Piazza in Campo Marzio, 9, 00186 Roma
Website: www.boccaccini.it

### Galleria Alberto Sordi

Gelegen an der Via del Corso und an der Piazza Colonna sorgt die Galleria Alberto Sordi seit 1922 für begeisterte Kunden. Hier können Sie auch nach Lust und Laune Ihre Kreditkarte zum Glühen bringen und sich vollkommen Ihrem Shoppingrausch hingeben. Auf ganzen sieben Etagen finden Sie alles, was Ihr Herz begehrt, und das Gebäude an sich ist auch atemberaubend schön. Ein Besuch, und wenn nur zum Schauen, lohnt sich auf alle Fälle.

Öffnungszeiten:
Montag bis Samstag: 8:30 Uhr - 21:00 Uhr
Sonntag: 9:30 Uhr - 21:00 Uhr
Adresse: Piazza Colonna, 00187 Roma
Webseite: www.galleriaalbertosordi.it

### Via dei Condotti

Nach einem Besuch der Via dei Condotti müssen Sie wahrscheinlich Ihr Bankkonto noch einmal überprüfen. Nicht selten erleiden Fashion Victims hier einen wahren Shoppingrausch, denn die größten und teuersten Designer finden sich in dieser Straße und in unmittelbarer Umgebung. Designer wie Armani, Gucci und Prada begeistern die Kunden mit exklusiven Designs und Kollektionen. Begeben Sie sich in die Welt des Luxus und erstehen Sie ein schickes Designerteil.

### Old Soccer

Alle Fußballfans sollten jetzt aufpassen! In diesem trendigen Laden werden Sie auf jeden Fall etwas finden. Das Old Soccer Geschäft ist perfekt geeignet für Fußballvernarrte und Retroliebhaber. Sie bekommen in dem Geschäft mit der Plastikwiese als Fußboden jede Menge Fußballtrikots von italienischen Starfußballern. Natürlich ist auch eine kleine Auswahl von anderen europäischen Legenden erhältlich. Die Trikots sind Kopien der Fußballclubs aus dem Jahre 1982, bevor diese Sponsoren hatten. Wer etwas Zeit hat, kann sich die verschiedenen Zeitungsartikel an den Wänden durchlesen und etwas über die italienischen Fußballerfolge erfahren.

Öffnungszeiten:
täglich 10:00 Uhr - 20:00 Uhr
Adresse: Via di Ripetta 30, 00186 Roma
Website: www.oldsoccer.it

**Barbara Guidi**

Die Designerin ist bekannt für ihre ausgefallenen Kopfbedeckungen und Hüte jeglicher Art. Sie verkauft in ihrem Laden handgefertigte Stücke und entwirft außerdem Kleidung, Taschen und Schmuck. Jedes Teil ist ein echtes Unikat und etwas ganz Besonderes. Die damalige Wissenschaftlerin im Bereich Filmgeschichte konnte sich nach ihrem Studium in Textildesign eine eigene Boutique aufbauen und überzeugt mit exzentrischen Designs und Kreationen. Vielleicht haben Sie die Möglichkeit, eines ihrer Kunstwerke auf einem Event oder zu einem besonderen Anlass auszuführen.

Öffnungszeiten:
Montag: 15:30 Uhr - 19:30 Uhr
Dienstag bis Samstag: 10:30 Uhr - 13:30 Uhr & 15.30 Uhr - 19:30 Uhr
Adresse: Via dei Gracchi 106 · 00192 Roma
Website: www.barbaraguidi.com

**Castroni**

Bei Castroni bekommen Sie Delikatessen und Spezialitäten aus Italien und aus ferneren Ländern, wie zum Beispiel Thailand, Japan oder den

Philippinen. Die altmodische Einrichtung erinnert noch an die 50er Jahre, in denen es noch schwer war, ausgefallenere Produkte im Bereich Lebensmittel zu bekommen. Sojasauce und Kokosmilch waren zu dieser Zeit eine echte exotische Sensation. Probieren Sie hier auch die italienischen Leckereien und den köstlichen Kaffee.

Öffnungszeiten:
täglich 8:00 Uhr - 20:00 Uhr
Adresse: Via Cola di Rienzo 196-198, 00192 Roma
Website: www.castronigroup.it

**Cuadros**

Schmücken Sie Ihre Wände mit den bunten Wanddekorationen des Geschäfts Cuadros. Egal, ob Tiere, Muster, Blumen, Stadtbilder oder geometrische Designs, in diesem Laden werden Sie ganz sicher etwas Einzigartiges finden. Ein wahres Paradies für Menschen mit einem Hang zu Dekoration und Inneneinrichtung.

Außerdem gibt es auch noch Poster, Sticker, 3D-Skulpturen und Tapeten zu bestaunen. Dies alles auch zu erschwinglichen Preisen. Die Designs sind witzig, originell und frech und sprechen nahezu jede Altersklasse an.

Öffnungszeiten:
Montag, Mittwoch und Freitag: 11:30 Uhr - 19:30 Uhr
Dienstag und Donnerstag: 15:00 Uhr - 19:30 Uhr
Samstag: 11:00 Uhr - 19:30 Uhr
Adresse: Via del Governo Vecchio 11, 00186 Roma
Website: www.cuadrosroma.com

**ZouZou**

Das stilvoll eingerichtete Erotikfachgeschäft wird von den zwei Inhaberinnen liebevoll und ansprechend geführt. Die roten Wände und der viktorianische Stil der Inneneinrichtung beleben die Sinne und beflügeln Ihre persönliche Fantasie. Reizende Dessous, erotische Literatur und lustvolle Erwachsenenspielzeuge sind im Sortiment enthalten. Jede Signora findet in diesem verruchten Ambiente bestimmt das, was sie sucht, um ihr Liebesleben wieder zu beflügeln. Und für die Herren der Schöpfung ist auch genug im Sortiment vorhanden, das Sie ansprechen wird.

Öffnungszeiten:
Montag bis Samstag: 11:00 Uhr - 19:30 Uhr
Adresse: Vicolo della Cancelleria 9a, 00186 Roma
Website: www.zouzou.it

**Retrò**

Vintagemöbel und Wohnaccessoires aus den Vierzigern bis zu den Siebziger Jahren finden Sie im Geschäft Retrò. Designkenner können sich hier richtig austoben und allerhand Möbel von italienischen und skandinavischen Designern entdecken und kaufen. Popart-Teppiche, bunte Gläser, Telefone sowie kultige Stühle und psychedelische Designs lassen Ihr Herz höherschlagen. Wenn Sie hier nicht fündig werden, wo dann?

Öffnungszeiten:
Montag bis Samstag: 11:00 Uhr - 13:00 Uhr & 16:00 Uhr - 20:00 Uhr
Adresse: Piazza del Fico 20-21, 00186 Roma
Website: www.retrodesign.it

**Leone Limentani**

Seit 1820 begeistert das Küchengeschäft Leone Limentani mit Regalen voll mit hübschem Porzellan, Kristallwaren, Tafelsilber und verschiedensten Küchengeräten.

Bei der Fülle an Küchenutensilien und Geschirr kann man schon leicht überfordert sein. Jeder Hobbykoch, aber auch jeder Küchenprofi wird im unterirdischen Geschäft überwältigt sein und sich pudelwohl fühlen.

Teilweise sind die Artikel sogar noch in Schachteln verpackt und wirken so noch kostbarer. Edle Designs für die Küche sind bei Leone Limentani an der Tagesordnung und verzaubern jede Hausfrau, jeden Hausmann und jeden Koch.

Öffnungszeiten:
Dienstag bis Freitag: 9:00 Uhr - 13:00 Uhr & 15:30 Uhr - 19:30 Uhr
Samstag: 10:00 Uhr- 19:30 Uhr
Adresse: Via Del Portico D Ottavia 47/48, 00186 Roma
Website: www.limentani.com

**La Bottega del Cioccolato**

Bringen Sie Ihren Lieben doch ein Souvenir der anderen Art mit. Das Kolosseum und der Petersdom aus Schokolade sind witzige Mitbringsel und noch dazu schön anzusehen. Das Geschäft bietet eine große Auswahl an Pralinen, Schokoladenfiguren und köstlichen Süßigkeiten. Da fällt es einem beim Anblick der Köstlichkeiten schon schwer, seine Linie zu halten. Im Sommer hat das Geschäft allerdings geschlossen, denn bei den Temperaturen würden die Leckereien dahinschmelzen.

Öffnungszeiten:
Montag bis Samstag: 9:30 Uhr - 19:30 Uhr
Adresse: Via Leonina 82, 00184 Roma
Website: www.labottegadelcioccolato.it

**B&B Oggetti d'Arte**

Sie werden denken, dass das Gebäude aus einem Märchen stammt, weil es mit Efeu bedeckt ist und wie ein Glaspalast aussieht. Hinter den Fenstern können Sie die Kunstwerke aus Muranoglas der Designerin Benedetta Brachetti Petertti bewundern. Zarte Gravuren aus florentinischem Silber schmücken das handgeblasene Muranoglas. Die Designerin bietet auch einen Lieferservice an, wenn Sie die zerbrechlichen Vasen, Karaffen und Gläser nicht selbst transportieren möchten.

Öffnungszeiten:
Montag bis Freitag: 10:00 Uhr - 19:00 Uhr
Adresse: Via Giovanni Sgambati 9, 00198 Roma
Website: www.bboggettidarte.com

### Ecosophy

Ökologische Kindermode ist aus der heutigen Zeit kaum mehr wegzudenken. Das dachten sich auch zwei Mütter und gründeten den Laden Ecosophy. Die Kleidung wird aus biologischem Material hergestellt und ist sogar noch vom Design her sehr ansprechend. Außerdem gibt es Spielzeug aus umweltfreundlichen Materialien wie Holz und Papier. Für die Kleinen gibt es eine Maltafel, damit die Eltern ungestört für ihre Sprösslinge stöbern können.

Öffnungszeiten:
Montag bis Samstag: 10:00 Uhr - 14:00 Uhr & 16:30 Uhr - 19:30 Uhr
Adresse: Via Alessandro Volta 14, 00153 Roma

### Dandy's

Der Besitzer Alessio Gigliani bietet für den Herren elegante und qualitativ hochwertige Mode an. So wie wir italienische Männer kennen, ist der Stil des Geschäftes edel und akkurat. Lassen Sie sich bei der Wahl des richtigen Hemdes professionell beraten oder entscheiden Sie sich dafür, ein maßgeschneidertes Hemd anfertigen zu lassen. Accessoires wie Gürtel, Manschettenknöpfe und Krawatten runden das gesamte Angebot ab.

Öffnungszeiten:
Montag: 16:00 Uhr - 20:00 Uhr
Dienstag bis Samstag: 9:30 Uhr - 13:15 Uhr & 16:00 Uhr - 20:00 Uhr
Adresse: Via Galvani 5, 00153 Roma
Website: www.dandys.net

### Volpetti

Seit 1973 führen die Brüder Volpetti ihr Geschäft mit italienischen Spezialitäten und Leckereien. Ein außergewöhnlich großes Angebot an Salami, Käse, Honig, Trüffel, Olivenöl, Wein und Pasta wartet nur darauf, erkundet zu werden. Für echte Genießer gibt es einiges zu erkunden und auszuprobieren. Ich persönlich empfehle Ihnen den Büffelmozzarella. Er ist der Beste der ganzen Stadt.

Öffnungszeiten:
Montag bis Samstag: 8:00 Uhr - 14:00 Uhr & 17:00 Uhr - 20:15 Uhr
Adresse: Via Marmorata 47, 00153 Roma
Website: www.volpetti.com

### Estremi

Ausgefallene und internationale Möbel und Accessoires sind im Geschäft Estremi immer zu finden. Sie entdecken kostbare bestickte Stoffe aus Usbekistan, edles Kaschmir aus der Mongolei und Kerzenständer aus dem fernen Mexiko. Die Besitzer bemühen sich, auf ihren Reisen neue und schöne Dinge zu finden, die den Laden bereichern. Stöbern Sie und Sie werden bestimmt ein wunderbares Einzelstück finden.

Öffnungszeiten:
Montag bis Samstag: 10:00 Uhr - 14:00 Uhr & 16:00 Uhr - 20:00 Uhr
Adresse: Via del Boschetto 2a, 00184 Roma
Webseite: www.estremiroma.com

### Il Museo del Louvre

Ca. 30.000 Vintagefotos können Sie in dem wunderbaren Geschäft bestaunen und im Antiquariat gibt es noch weitere besondere Fundstücke, wie zum Beispiel Notizbücher, alte Bücher und Briefe. Der Besuch könnte länger dauern als geplant, da Sie sich hier bestimmt nicht mehr von der Sammlung trennen können.

Öffnungszeiten:
Montag bis Samstag: 10:30 Uhr - 13:30 Uhr & 15:00 Uhr - 19:30 Uhr
Adresse: Via della Reginella 26/28, Roma
Webseite: www.ilmuseodellouvre.com

**Mia**

Im Geschäft Mia gibt es originelle Designstücke, die in einem ehemaligen Kloster angeboten werden. Die meisten Artikel sind handgefertigt und die Auswahl ist groß. Verschiedene Designer mit ausgefallenen Designs werden Sie garantiert überzeugen. Angefangen bei Holzmöbeln über Besteck und Lampen bis hin zu Blumentöpfen und Papiergeschirr gibt es in diesem Geschäft einiges zu erkunden. Als Mitbringsel für die Liebsten daheim sind die guten Stücke bestens geeignet.

Öffnungszeiten:
Dienstag bis Samstag: 10:30 Uhr - 14:30 Uhr & 15:30 Uhr- 20:00 Uhr
Adresse: Via di Ripetta 224, Roma
Webseite: www.miaviadiripetta.com

## DIE FÜNF BESTEN MÄRKTE IN ROM

Rom hat einiges zu bieten. Die wunderschönen und vielseitigen Märkte sind ein Teil davon. Spazieren Sie durch die angesagtesten und ausgefallensten Märkte Roms und ergattern Sie das ein oder andere Schnäppchen. Sie werden es lieben, neue und alte Dinge zu entdecken und sich von dem bunten Treiben anstecken zu lassen. Hier sind die Top Five der besten Märkte der Stadt Rom.

### Mercato Nuovo Esquilino

Hier herrscht quirliges Treiben und es ist immer etwas los. Wenn Sie auf der Suche nach frischen Lebensmitteln, wie z. B. Gemüse, Obst, Fisch und Fleisch, sind, ist der Besuch auf dem Mercato Nuovo Esquilino auf jeden Fall für Sie geeignet.

Der Markt findet die ganze Woche in einer großen Markthalle, ganz in der Nähe des Bahnhofes Termini, statt. Gegenüber der großen Markthalle, in der sich alles nur um Lebensmittel dreht, befindet sich noch eine kleinere Halle. Hier gibt es ein gemischtes Warenangebot mit Schuhen, Kleidung, Taschen und Accessoires, wobei ich dazu sagen muss, dass das Angebot sehr nach Ramschware aussieht, aber machen Sie sich darüber am besten ein eigenes Bild.

Öffnungszeiten:
Montag, Mittwoch, Donnerstag: 5:00 Uhr - 15:00 Uhr
Dienstag, Freitag, Samstag: 5:00 Uhr - 17:00 Uhr
Adresse: Via Filippo Turati, 160, 00118 Roma

### Mercato dell' Unità

Ganz in der Nähe der vatikanischen Museen, auf der Via Cola di Rienzo, befindet sich in einem interessanten Jugendstil-Gebäude eine wunderschöne Markthalle für frische Lebensmittel und kulinarische Spezialitäten.

Die 60 bis 70 Stände mit einer großen Auswahl an Fisch, Fleisch, Obst, Gemüse, Käse und Blumen laden zum ausgiebigen Einkaufen ein. Flanieren Sie über den Lebensmittelmarkt und lassen Sie sich von der außergewöhnlichen Atmosphäre verzaubern.

Öffnungszeiten:
Montag – Samstag: 7:00 Uhr - 18:00 Uhr
Adresse: Via Cola di Rienzo, 245, 00192 Roma

### Porta Portese

Stöbern Sie auf dem größten Flohmarkt Roms und entdecken Sie zauberhafte Vintage-Artikel, Second-Hand-Kleidung und wahre antiquarische Schätze.

Wenn Sie etwas Glück haben und sich durch die Stände wühlen, dann finden Sie wunderschöne Einzelstücke und echte Raritäten, die Ihr Herz höherschlagen lassen. In einem Bereich des Flohmarktes werden italienische Waren aus der Region angeboten, wie zum Beispiel Jacken und Taschen.

Öffnungszeiten:
Dienstag: 5:00 Uhr - 17:00 Uhr
Donnerstag: 5:00 Uhr - 15:00 Uhr
Freitag und Samstag: 5:00 Uhr - 17:00 Uhr
Adresse: Piazza di Porta Portese, Roma

### Mercato della Stampe

Für Briefmarkenfans und Sammler historischer Publikationen ist dieser Freiluftmarkt am Largo della Fontanella di Borghese die perfekte Fundgrube. Ein Paradies für Sammler und Kunstliebhaber.

Zahlreiche Marktbuden mit ortsansässigen Sammlern und Künstlern bieten hier eine enorme Auswahl an Briefmarken, historischen Druckerzeugnissen, Magazinen, Comics, alten Karten, Gemälden und Zeichnungen. Das ein oder andere Schätzchen lässt sich hier erstehen und Sie können mit den Künstlern und Sammlern um die fantastischen Waren feilschen.

Öffnungszeiten:
Täglich von 7:00 Uhr - 13.00 Uhr
Adresse: Largo della Fontanella di Borghese, Roma

### Mercato di Testaccio

Auf diesem speziellen Lebensmittelmarkt trifft man kaum auf Touristen. Hier kaufen hauptsächlich die Einheimischen ein und Sie finden hier Spezialitäten und Streetfood verschiedenster Arten. Ein Besuch lohnt sich, denn hier sind Sie abseits des Touristenstroms und können ganz genüsslich durch die Gänge schlendern und sich vom Angebot inspirieren lassen.

Genießen Sie Pizza und Nudelgerichte oder nehmen Sie eine Kostprobe an den verschiedenen Weinständen. Außerdem können Sie schmackhaften Käse, gepökeltes Fleisch und knuspriges Brot sowie viele andere Lebensmittel erstehen.

Öffnungszeiten:
Montag – Samstag: 7:00 Uhr - 15:30 Uhr
Adresse: Via Beniamino Franklin, Rom

# TOUREN DURCH DIE STADT

Sollten Sie noch keine Idee für Ihre Städtetour haben, dann stelle ich Ihnen gerne ein paar Spaziergänge vor, bei denen Sie die Stadt Rom am besten erkunden können. Damit Sie so viel wie möglich von den Spaziergängen mitnehmen können, gebe ich Ihnen ein paar Anregungen für Ihren Aufenthalt in Rom. Halten Sie die Augen offen und laufen Sie nicht nur stur nach der vorgegebenen Route. So entdecken Sie noch viel mehr und es verbergen sich noch weitere interessante Plätze und Orte, die Sie sonst vielleicht übersehen hätten.

### Quirinal, Trevibrunnen und Pantheon

Sie starten an der Santa Maria della Concezione, wo sich die Gruft der Kapuziner befindet. Nach der Besichtigung der Krypta laufen Sie in Richtung Piazza Barberini und kommen am Fischrestaurant Tuna vorbei. Stärken Sie sich hier etwas, wenn Sie möchten, und genießen Sie die gegrillten Jakobsmuscheln oder probieren Sie den köstlichen Hummer.

Weiter in Richtung Piazza Barberini stoßen Sie nun auf den Triton Brunnen, der mitten auf der Piazza steht. Entworfen wurde er vom berühmten

Bildhauer Bernini 1642. Triton kniet auf einer Muschel, unter der Sie ein paar Bienen erkennen können. Diese sind das Wahrzeichen der Familie Barberini.

Folgen Sie nun der Via delle Quattro, bis Sie zum Vierströmenbrunnen, Quattro Fontane, gelangen. Er symbolisiert die Flüsse Arno und Tiber und die Göttinnen Juno und Diana. Weiter Richtung Piazza del Quirinale können Sie hier den Präsidentenpalast begutachten. Wenn Sie die Treppen auf der anderen Seite des Platzes überqueren, sind Sie mitten auf der Via della Dataria. Folgen Sie dieser bis an eine Kreuzung und biegen Sie dann rechts ab. Schon stehen Sie vor dem Trevibrunnen. Der wunderschöne Brunnen wird Sie faszinieren und lädt zum Verweilen ein. Denken Sie daran, eine Münze in den Brunnen zu werfen, damit Sie Rom wieder sehen werden.

Entlang der Via delle Muratte gelangen Sie, wenn Sie rechts über die Via del Corso abbiegen, auf die Piazza Colonna. Hier steht die Mark-Aurel-Säule, welche 30 m hoch ist und verschiedene Reliefs zeigt. Das Zentrum der Politik ist die Piazza Colonna, wo auch der Premierminister im Palazzo Chigi seinen Sitz hat.

Danach gehen Sie die Via dei Bergamaschi, entlang zur Piazza di Petra. Dort können Sie lecker essen, wenn Sie die Osteria d'Ingegno besuchen. Gut gestärkt geht es weiter die Via de Burrò entlang, wo Sie schon bald auf der anderen Straßenseite eine weitere kleine Kirche entdecken. Die Sant' Ignazio di Loyola wurde Ende des 17. Jahrhunderts erbaut und ist dem Gründer des Jesuitenordens Ignatius von Loyola gewidmet. Die Kuppel ist eine optische Täuschung, da die Jesuiten kein Geld mehr für eine richtige Kuppel übrig hatten. Sie hatten sich bei der Verzierung mit kostbaren Fresken, Marmor und Blattgold verschätzt.

Biegen Sie in die Via del Pie' di Marmo ab und gehen Sie weiter in Richtung Piazza della Minerva. Dort steht ein großer Elefant aus Marmor, der einen ägyptischen Obelisken auf dem Rücken trägt. Er wurde von Bernini entworfen und symbolisiert den Geist der Wahrheit. Die Kirche Basilica di Santa Maria sopra Minerva liegt auf der anderen Straßenseite. Bedeutende Meisterwerke wie die Statue des Christus von Michelangelo können Sie hier bestaunen. Das Pantheon liegt in unmittelbarer Nähe und wenn Sie hinter dem Pantheon vorbeigehen, biegen Sie in die Via della Dogana Vecchia ab und laufen bis zur französischen Kirche San Luigi dei Francesi. Dort gibt es Malereien von Caravaggio zu entdecken.

Gehen Sie weiter und dann links auf die Via di Sant'Agostino und lassen Sie sich von den verwinkelten Gässchen verzaubern. Hier finden Sie auch das Kräuter- und Salben-Geschäft Ai Monasteri. Weiter der Straße folgend, biegen Sie nun in die Via degli Uffici del Vicario ein und gehen in die Via della Maddalena. Sie haben nun das Pantheon erreicht und können die Vorderansicht in voller Pracht genießen.

### Vatikan und Piazza Navona

Beginn ist der Petersplatz. Der wunderschöne Säulengang von Bernini wurde von 1655 bis 1667 fertiggestellt. 284 Säulen erstrecken sich auf insgesamt vier Reihen. Der Obelisk in der Mitte des Platzes dient sogar als Sonnenuhr. Fällt sein Schatten auf die weiße Marmorplatte, dann ist es genau Mittag.

Der Petersdom befindet sich an diesem imposanten Platz und wenn Sie genug Energie besitzen, steigen Sie unbedingt auf dessen Kuppel.

Möchten Sie zu den Vatikanischen Museen und zu den Vatikanischen Gärten, folgen Sie der Mauer des Vatikans bis zum Eingang. Nach dem Besuch der Museen und der Gärten haben Sie sicher Lust auf einen Stadtbummel.

Zurück in Richtung Piazza del Risorgimento laufen Sie die Straße Via Cola di Rienzo entlang und Sie bekommen die Möglichkeit, einen ausgiebigen Einkaufsbummel zu unternehmen. Die Boutique Barbara Guidi und das Delikatessengeschäft Castroni befinden sich ebenfalls auf Ihrer Route. Wen jetzt der Hunger packt, der ist beim Art Studio Café auf der Via Attillio Regolo bestens beraten. Zurück über die Via Cola Di Rienzo biegen Sie in die Via Virgilio ab und gehen dann links in die Via Cassiodore, bis zur Via Cicerone. Hier gibt es ebenfalls ein schickes Restaurant, das L'Arcangelo, wo Sie sehr gut essen können.

Rechts geht es zur Piazza Cavour. Dort befindet sich der Justizpalast der

Palazzo di Giustizia. Das Gebäude wirkt etwas überladen durch seine immensen barocken Verzierungen. Erst 1910 wurde das Gebäude vom Architekten Calderini fertiggestellt.

Wenn Sie nun rechts um den Platz herum gehen, dann finden Sie den Parco Adriano und die Engelsburg vor. Der Parco Adriano ist rund um das Mausoleum des Hadriani (der Engelsburg) gebaut und im Sommer werden hier sogar Konzerte veranstaltet. Besonders schön sitzen Sie auf der oberen Ebene auf schönen Parkbänken unter den Bäumen. Beeindruckend sind die Mauern der Engelsburg, auf die Sie hinaufschauen können.

Überqueren Sie die Engelsbrücke, von wo aus Sie über die Banco di Santo Spirito links abbiegen in die Banchi Nuovi. Zahlreiche Restaurants finden Sie in den verwinkelten Gassen und auch die Geschäfte Cuadros und Zou Zou sind hier ansässig.

Ganz am Ende der Straße kommen Sie auf die Piazza Navona mit dem Vierströmenbrunnen. Gehen Sie hinter der Kirche Sant'Agnese in Agone nach links in die Via di Sant'Agnese und dann zur Via della Pace. Dort gibt es das Antico Caffé della Pace, wo Sie sich einen Kaffee gönnen können. Rechts geht es weiter zum Chiostro del Bramante und wenn Sie Vintagemöbel kaufen möchten, dann begeben Sie sich in das Geschäft Retró an der Piazza del Fico. Beenden Sie Ihren Spaziergang mit einem köstlichen Eis in der Gelateria del Teatro auf der Via del San Simone.

### Kolosseum, Esquilin und Monti

Das Kolosseum ist Ihr Ausgangspunkt und von dort gehen Sie zur Piazza del Colosseo. Steigen Sie die Treppen an der Ecke der Via Labicana hinauf und laufen Sie durch den Park Colle Oppio. An der ersten Straße biegen Sie links ab und gelangen in die Viale Fortunato Mizzi, das Ende des Parks. Hier stoßen Sie auf die angesagteste Location, den OS Club. Folgen Sie nun der Via Mecenate und biegen Sie dann links auf die Via Merulana ab. Hier befindet sich das Museo d'Arte Orientale, das aber mittlerweile geschlossen ist. Am Ende der Via Merulana folgt die Piazza di Santa Maria Maggiore mit der Basilica di Santa Maria Maggiore, welche Sie auf jeden Fall besichtigen sollten.

Nach der Besichtigung können Sie sich in Richtung Via Urbana begeben und im Urbana 47 einen Wein oder verschiedenste Leckereien genießen. Folgen Sie der Straße, spazieren Sie auch an La Bottega del Cioccolato vorbei. Biegen Sie hier rechts ab und trinken Sie im El Baretto einen herrlichen Cappuccino.

Auf der Via del Boschetto sind zahlreiche Restaurants angesiedelt und wenn Sie zwei Mal links abbiegen, bis Sie in der Via dei Serpenti landen, finden Sie auch eine fantastische Weinbar, das Al vino Al vino.

Biegen Sie in die Via delle Madonna dei Monti ab und Sie werden wieder fündig, was Restaurants und Weinbars betrifft. Das Restaurant La Taverna dei Fori Imperali ist ein richtiges Familienrestaurant mit leckeren Gerichten, das Sie einmal austesten sollten.

Durchqueren Sie die Via dei Fiori Imperali und gehen Sie rechts zu den Kaiserforen. Diese grenzen an die Trajansmärkte und die Trajanssäule. 2500 Figuren sind auf der Trajanssäule abgebildet und die Reliefs zeigen die Feldschlachten des Kaisers Trajan im heutigen Rumänien.

Spazieren Sie weiter zur Piazza Venezia und Ihnen wird das Denkmal des Vittorio Emanuele II. und das Palazzo di Venezia ins Auge fallen. Das Palazzo wurde von Mussolini als Hauptquartier genutzt und im 16. und 17. Jahrhundert war es die Botschaft der Republik Venezia. Heute ist das Palazzo ein Museum und Sie können Malereien, Keramik, Porträts und Wandbehänge besichtigen.

Wenn Sie sich links in Richtung Via del Teatro Marcello halten, gelangen Sie zum Kapitolsplatz mit den Kapitolinischen Museen. Der kleinste Hügel Roms war das Kapitol und es befindet sich hier eine Statue von Marc Aurel mitten auf dem Platz. Diese Statue steht eins zu eins noch einmal auf den Kapitolinischen Museen.

Im Cafè Capitolino gönnen Sie sich zum Abschluss einen Kaffee und lassen den Tag ausklingen.

### Forum Romanum, Circus Maximus und Testaccio

Am Konstantinsbogen beginnt Ihre Tour. Dieser wurde zu Ehren des Kaisers Konstantin errichtet, der die Stadt Rom von Maxentius befreite. Begeben Sie sich zum Eingang des Palatins auf der Via di Gregorio und betrachten Sie die archäologischen Ausgrabungen und die Teile von Fresken, Reliefs und Statuen im Palatinmuseum. Steigen Sie die Stufen hinauf zum Forum Romanum und gehen Sie auf Entdeckungstour.

Treten Sie die Stufen wieder hinab, führt Sie Ihr Weg in Richtung Kolosseum, wo Sie zweimal links abbiegen und zum Triumphbogen des Titus gelangen. Dieser wurde 81 n. Chr. für Kaiser Titus erbaut, da dieser über Jerusalem siegte. Die Reliefs auf dem Triumphbogen zeigen unterschiedliche Geschichten und Sie können immer wieder Neues entdecken.

Nun gehen Sie auf dem Pfad rechts neben dem Tor am großen Dom entlang und Sie kommen zur Via Sacra. Diese war die wohl wichtigste Straße in Rom. Hier gab es sehr viele Tempel, von denen leider nicht mehr viel zu sehen ist.

Biegen Sie am Tempel des Antonius und Faustina links ab und Sie gelangen zum Haus der Vestalinnen. Es hieß, dass etwas Schreckliches passieren würde, wenn das lodernde Feuer im Haus der Vestalinnen erlischt. So kümmerten sich sechs Jungfrauen um das Feuer und sorgten dafür, dass es immer brannte. Die Jungfrauen waren damals hoch angesehen und erhielten viele Privilegien. Jedoch wurden sie auch hart bestraft, wenn sich herausstellte, dass sie keine Jungfrauen waren oder das Feuer nicht korrekt bewacht wurde. Sie wurden dann lebendig eingemauert.

Weiter am Tempel vorbei sehen Sie den Tempel des Julius Caesar und in Richtung Tor stoßen Sie auf die Curia. Hier versammelte sich der gesamte Senat zur Beratung und Diskussion der Gesetze.

Gehen Sie nun durch den Triumphbogen des Septimius Severus und rechts steigen Sie die Treppen hinauf. Sie verlassen nun das Forum und lassen sich von den Miracle Players unterhalten. Diese erzählen in englischer Sprache die Geschichte Roms auf unterhaltsame Art und Weise. Bestimmt möchten Sie mitsingen, denn Geschichte auf diese Art erzählt zu bekommen, macht wahnsinnigen Spaß.

Nach dem Ausgang gehen Sie links die Treppe hinauf und folgen der Via del Campidoglio über die Via di Monte Tarpeo bis hin zur Via Foro Romano. Danach biegen Sie rechts in die Via di San Teodoro und der historische Viehmarkt, der Mercato di Campagna Amica, wartet hier auf Sie. Dort bekommen Sie Produkte und Erzeugnisse der Bauern und Produzenten aus der Umgebung. Obst und Gemüse sowie Honig, Wein, Öl, Fleisch und Milchprodukte sind auf dem Markt erhältlich.

Weiter geht es zur Bocca della Verità, wenn Sie rechts abbiegen. Gehen Sie zurück und Sie sind am Circus Maximus angekommen. Biegen Sie in die Olivo Dei Publicii ab und Sie werden auf die Via di Santa Sabina geleitet, wo Sie zu den Orangengärten gelangen und durch das geheimnisvolle Schlüsselloch schauen können.

Durch die Via di Porta Lavernale gehen Sie hinunter und links in der Via Caio Cestio befindet sich die Cestius Pyramide.

Folgen Sie nun der Via Marmorata in Richtung Via Galvani, wo sich die Geschäfte Dandy's, Volpetti und Ecospohy befinden. Shoppen Sie nach Lust und Laune und stärken Sie sich danach im Felice a Testaccio oder in der Osteria degli Amici.

### Villa Borghese und Piazza di Spagna

In der Viale San Paolo del Brasile beginnt Ihr Spaziergang durch Villa Borghese. Gehen Sie rechts in die Viale della Pineta und halten Sie Ausschau nach dem Cinema dei Piccoli. Es ist das kleinste Kino der Welt und zeigt auf 73 Quadratmetern verschiedene Filme für Erwachsene und Kinder.

Entlang der Viale Casina di Raffaello biegen Sie rechts ab in die Viale dei Pupazzi und auch am Brunnen halten Sie sich rechts, dann gelangen Sie in die Viale del Museo Borghese und können im Museum allerlei Kunstwerke bestaunen.

Verlassen Sie den Park am Largo Pablo Picasso und wenn Sie weiter gehen, werden Sie sicher den etruskischen Sarkophag erspähen, der für ein etruskisches Ehepaar um 530 v. Chr. angefertigt wurde.

Zurück zum Museum nehmen Sie rechts die Treppe und biegen links ab in die Viale Madame Letizia. Dann gehen Sie den wunderschönen See entlang, kommen auf die Piazzale delle Canestre und biegen wieder rechts ab. Nun kommen Sie an einem Obelisken vorbei und gehen bis zur Piazza Napoleone. An der Terrasse steigen Sie rechts den Hügel hinunter, bis zur Viale Trinità dei Monti. Sie haben nun die Spanische Treppe erreicht.

Gehen Sie nun die Treppe hinunter und rechts entlang, dann können Sie sich im Palatium einen köstlichen Wein gönnen. Nun können Sie rechts um die Ecke gehen und die Via dei Condotti liegt vor Ihnen. Stöbern Sie in den Geschäften und bewundern Sie die vielen dekorierten Schaufenster der Designer.

Hier finden Sie auch das Antico Caffè Greco sowie zahlreiche andere Lokalitäten und Geschäfte. Schlendern Sie durch die Gassen und gehen Sie auf Entdeckungstour, Sie werden immer wieder etwas neues Aufregendes finden.

Folgen Sie zum Schluss der Via del Babuino bis zur Piazza del Popolo, wo die Kirche Santa Maria del Popolo auf Ihren Besuch wartet. Sie finden in der Kirche herausragende Bildhauereien der Künstler Raffael, Caravaggio und Bernini.

# Perfekte Anreisezeit und Klima

In Italien herrscht ein mediterranes, warmes Klima und da kommt es oft vor, dass die Temperaturen schon ab März bis zu 16° C in die Höhe klettern. Im Mai können Sie mit sommerlichen Temperaturen rechnen, jedoch kann es in dieser Zeit hin und wieder Regenschauer geben. Daher sollten Sie Ihren Regenschirm immer dabei haben. Der römische Sommer ist bekanntermaßen sehr heiß und drückend, am Tag sind 11 Sonnenstunden keine Seltenheit. Im Sommer steigen die Temperaturen regelmäßig über 30° C und auf jeden Fall sollten Sie Sonnenschutzmittel und Kopfbedeckungen im Gepäck haben. Bei Wartezeiten an den Sehenswürdigkeiten in der prallen Sonne kann das Wetter sehr unangenehm werden.

Wer gerne einen Sandstrand aufsuchen möchte, kann in den Vorort Lido di Ostia fahren. Er liegt nur wenige Kilometer von Rom entfernt und bietet einen tollen Strand am Meer. Die Wassertemperatur liegt im Sommer bei angenehmen 24° C.

Für eine Städtetour empfehle ich Ihnen die Herbstsaison. Das Wetter ist nicht zu heiß und nicht zu kalt, aber ideal, um die Stadt komplett zu erkunden. Der Herbst ist generell die Lieblingssaison der Touristen in Rom, denn im Sommer sind viele Geschäfte geschlossen, da die Römer im August meistens in den Urlaub fahren.

Die Höchsttemperaturen ab September liegen bei 28° C und im Oktober bei 22° C. Dadurch können Sie abends noch lange die Stadt genießen, da diese noch aufgeheizt ist vom Tag.

Der Winter in Italien ist eher mild mit Temperaturen von über 10° C und in dieser Zeit, von Oktober bis Januar, fällt der meiste Regen. Es kann allerdings auch zu Kälteeinbrüchen kommen und die Niederschläge könnten sich verstärken.

Die beste Reisezeit ist also zwischen April und Juni sowie zwischen September und Oktober, da das Wetter schön warm ist, aber nicht zu drückend.

An Ostern und Pfingsten sollten Sie mit Touristenmassen rechnen und im Sommer sind die Preise deutlich höher als in den anderen Saisons.

Wie erwähnt haben im August die meisten Geschäfte, Restaurants und sogar Hotels geschlossen, da die Bewohner hauptsächlich in den Urlaub fahren. Daher sind die Herbstmonate am besten für einen Städtetrip geeignet.

# Verkehr und Anreise

Alle Wege führen nach Rom. Der bekannte Spruch trifft auch noch heute zu. Es gibt verschiedene Wege, um nach Rom zu reisen. Ich stelle Ihnen hier einige Möglichkeiten vor und gebe Ihnen die bestmöglichen Tipps, damit Sie so entspannt und stressfrei wie möglich anreisen können.

## REISEN SIE MIT DEM AUTO AN

Sie starten von Deutschland aus und fahren über den Brenner, die Tauern Autobahn oder nehmen den St. Gotthardtunnel. Beachten Sie, dass die Autobahnen von Österreich, der Schweiz und Italien gebührenpflichtig sind. Für Österreich und die Schweiz benötigen Sie eine Vignette und in Italien zahlen Sie die Gebühren direkt an der Autobahnmautstelle.

In den Sommermonaten müssen Sie sich auf eine längere Anreisedauer einstellen, da die Autobahnen durch die Massen an Urlaubern sehr stark ausgelastet sind.

In Rom sind viele Straßen für den Autoverkehr gesperrt, wodurch eine Anreise mit dem Auto nur bedingt zu empfehlen ist. Sie parken am besten außerhalb oder an Ihrem Hotel und erkunden die Stadt mit den öffentlichen Verkehrsmitteln.

## REISEN SIE MIT DEM FLUGZEUG AN

Natürlich gibt es auch die Möglichkeit, mit dem Flugzeug anzureisen. Hier haben Sie die Wahl zwischen zwei Flughäfen. Es gibt den Flughafen Leonardo da Vinci Fiumincino, welcher 35 Kilometer von Rom entfernt ist, und den Flughafen Giovan Battista Pastine Ciampino, dieser ist mit seinen 15 Kilometern näher an der Stadt Rom gelegen.

Beide Flughäfen sind mit den meisten deutschen Städten verbunden. Auch von Wien und Zürich gibt es gute Verbindungen durch regelmäßige

Flüge. An den Flughäfen gibt es regelmäßige Transfers mit Shuttlebussen und Zügen. Die Fahrzeit beträgt ungefähr 30 bis 50 Minuten. Mit dem Taxi können Sie ebenfalls in das Stadtzentrum fahren. Eine Fahrt vom Flughafen Leonardo da Vinci Fiumicino kostet ungefähr 40 € und für eine Fahrt vom Flughafen Giovan Battiste Pastine Ciampino aus zahlen Sie etwa 30 €.

Adressen der Flughäfen:
Aeroporte Leonardo da Vinci, Fiumicino
Via dell' Aeroporto di Diumicino 320, 00050 Fiumicino

Aeroporto Giovan Battista Pastine Ciampino
Via Appia Nuova 1651, 00040 Roma

## REISEN SIE MIT DER BAHN AN

Rom erreicht man vom Ausland durch den Hauptbahnhof Stazione Termini. Aus Süditalien kommend ist der Bahnhof Tiburtina die beste Wahl. Sie finden hier regelmäßige U-Bahn-Taxiverbindungen sowie Busverbindungen in die Innenstadt Roms.

Adressen der Bahnhöfe:
Stazione Termini
Piazza di Ciquecento, 00185, Roma

Stazione Tiburtina
Piazza della Stazione Tiburtina, 00162, Roma

## WISSENSWERTES ÜBER DEN VERKEHR

Die Innenstadt ist teilweise für den Autoverkehr gesperrt und Sie können diese nur passieren, wenn Sie eine Sondergenehmigung besitzen. Die Anfahrt zum Hotel ist selbstverständlich erlaubt. Parkplätze sind durch diese Maßnahme daher Mangelware und Sie müssen sich rechtzeitig informieren, wo Sie parken können. Achten Sie auf die Parkverbotsschilder und parken Sie nur auf bewachten Parkplätzen, sonst könnte es zu bösen Überraschungen kommen. Verstauen Sie keine Wertsachen im Auto, tragen Sie diese immer versteckt bei sich.

Sind Sie mit dem Taxi unterwegs, müssen Sie besonders Acht geben. Es gibt Taxifahrer, die Touristen betrügen und horrende Preise für die Taxifahrten veranschlagen. Fahren Sie nur mit weißen Taxen, die mit einem Taxameter ausgestattet sind, und vereinbaren Sie keinen Pauschalpreis. Taxen dürfen auch nicht wie hier einfach auf der Straße anhalten, sondern müssen an gesonderten Taxihaltestellen auf Kunden warten. Mit Gepäck zahlen Sie einen kleinen Aufpreis, ebenso nach 22 Uhr und an Sonn- und Feiertagen. Der Basistarif liegt bei 5 €. Wenn Sie ein Taxi benötigen, rufen Sie am besten die Nummer der Taxizentrale an. Diese lautet 063570.

Möchten Sie vom Flughafen zum Bahnhof, können Sie auch mit dem Shuttlebus dorthin fahren. Mit dem „Leonardo Express" von Fiumicino nach Termini bezahlen Sie um die 14 €.

Mit den U-Bahnlinien A und B sowie mit den Bussen 40 und 64 können Sie den Großteil der Innenstadt auf eigene Faust erkunden. Fahrkarten sind sehr günstig, diese kosten für U-Bahn, Bus, Straßenbahn und Zug 1 € und sind für ca. 75 Minuten gültig. Denken Sie daran, Ihre Fahrkarten abzustempeln. Erhältlich sind die Fahrkarten nur in den U-Bahnstationen und in den Tabakläden der Stadt. Sie können diese nicht, wie bei uns, beim Fahrer oder in Bus und Bahn kaufen.

Lohnenswert sind auch Tageskarten. Eine normale Tageskarte kostet 4 €, eine 3-Tageskarte 11 € und eine 7-Tageskarte 16 €.

Zwischen 0 Uhr und 5 Uhr morgens fahren in der Stadt Nachtbusse, die Sie sicher von Ort zu Ort bringen.

# Übernachtungsmöglichkeiten

Natürlich benötigen Sie in Rom auch die richtige Unterkunft, die zu Ihnen passen sollte. Es gibt viele Familienhotels, aber auch Luxushotels in prächtigen Gebäuden. Die Preisunterschiede der Hotels sind in den verschiedenen Saisons enorm. Erkundigen Sie sich besser vorher und buchen Sie möglichst weit im Voraus, um noch Rabatte zu bekommen. Es empfiehlt sich, in der Nebensaison zu buchen, wenn Sie nur ein geringes Budget zur Verfügung haben. Bringen Sie in Erfahrung, ob das Frühstück im Preis enthalten ist, denn für Italien ist das nicht üblich. Wenn nicht, könnte es wirklich teuer werden. Sind Sie eher an luxuriösen Unterkünften interessiert, dann werden Sie auch dahingehend in Rom fündig werden. Diese Hotels liegen meist im Zentrum Roms und sind sehr praktisch an den Sehenswürdigkeiten gelegen. Die günstigeren Hotels und Pensionen liegen eher außerhalb. Ich habe für Sie eine kleine Auswahl erstellt, die Ihnen einen Überblick über das Angebot an Unterkünften geben soll. Entscheiden Sie selbst, welche Preisklasse und welches Niveau für Sie am geeignetsten erscheint.

## GÜNSTIGE PREISKLASSE

Hinter dem Bahnhof Termini befindet sich ein sehr einfaches, aber sympathisches Hotel. Es ist auf Umweltfreundlichkeit ausgelegt und wird von seinen Besitzern Steve und Linda liebevoll geführt. Hier gibt es neben dem Schlafsaal auch Doppelzimmer und Einzelzimmer, allerdings müssen Sie sich die Badezimmer mit den anderen Gästen teilen. Es gibt außerdem noch ein Frühstückscafé mit vegetarischen Speisen.

Adresse: Via Marghera8, Roma

Telefon: 06 444704553

Webseite: www.the-beehive.com

### Casa dei Colori

Das kleine Hotel ist mit bunten Retromöbeln ausgestattet und es gibt nur zwei Zimmer, die als Bed & Breakfast vermietet werden. Morgens bekommen Sie ein leckeres Frühstück, um entspannt in den Tag zu starten.

Adresse: Via Cernaia 43, Roma

Telefon: 393 2323252

Webseite: www.casadeicolori.it

### Baci da Roma

In diesem Hotel hat jedes Zimmer ein eigenes Motto aus den vergangenen Jahrzehnten. Es gibt insgesamt fünf Zimmer, die wunderschön und geschmackvoll eingerichtet sind. Sie befinden sich in diesem Hotel etwas außerhalb, doch dies ist durch die gute Verkehrsanbindung kein Problem.

Adresse: Via di Porta Maggiore 23, Roma

Telefon: 06 45554757

Webseite: www.bacidaroma.it

## MITTLERE PREISKLASSE

### Orange Hotel

Orange dominiert das gesamte Design des Hotels. Sie werden sich hier zwischen den orangefarbenen Akzenten in der Einrichtung rundum wohlfühlen.

Die 26 Zimmer sind in grau designt und die orangenen Möbel machen aus dem Hotel eine kleine verrückte Welt. Die obere Terrasse wird für das Frühstück genutzt und wenn Sie aus dem Hotel kommen, liegen der Petersdom und die Vatikanischen Museen direkt vor Ihnen.

Adresse: Via Crescenzio 86, Prati

Telefon: 06 6868969

Webseite: www.orangehotelrome.com

**Daphne Inn**

Den perfekten Service werden Sie im Daphne Inn garantiert bekommen. Das Personal spricht fließend Englisch und gibt Ihnen Tipps und Anregungen für Ihren Städtetrip. Wenn Sie nachfragen, reserviert man für Sie sogar einen Tisch in den Restaurants und den Besuch in den Museen. Moderne und schlichte Zimmer überzeugen ebenso wie das Frühstücksbuffet, welches eher auf internationale Gäste ausgelegt ist. Das Hotel ist auch familienfreundlich.

Adresse: Via di San Basilio 55, Barberini

Telefon: 0687450086

Webseite: www.daphne-rome.com

**Lilium Hotel**

Das Hotel besitzt nur 14 Zimmer, wird dafür aber durch seinen Besitzer Annibale Batosi sehr gut gepflegt und mit Herzblut geführt. Er möchte für seine Gäste da sein und Ihnen jeden Wunsch von den Augen ablesen. Sogar die Zimmer hat er eigens bemalt und persönlich eingerichtet. Dies zeigt seine Liebe fürs Detail. Trotz der geschäftigen Straße merken Sie im Zimmer nichts von dem Trubel. In dieser Unterkunft werden Sie sich auf jeden Fall bestens aufgehoben fühlen.

Adresse: Via xx Septembre 58a, Sallustiano

Telefon: 064741133

Webseite: www.liliumhotel.com

## GEHOBENE PREISKLASSE

### The First Hotel

Ein luxuriöses Hotel mit kunstvoller und sehr gehobener Einrichtung in der Nähe von unzähligen Galerien. In den Zimmern hängen verschiedene Werke zeitgenössischer Künstler. Die Zimmer bzw. die Suiten sind teilweise mit Jacuzzi oder einer traumhaften Terrasse ausgestattet. Wer noble Zimmer bevorzugt, der ist hier an der richtigen Adresse.

Adresse: Via del Vantaggio 14, Roma

Telefon: 0645617070

Webseite: www.thefirsthotel.com

### Potrait Suites

Das Hotel wurde von der Familie des Modedesigners Salvatore Ferragamo eröffnet. Mitten in Rom verfügt dieses Hotel über jeden erdenklichen Luxus, den Sie brauchen. Sie bekommen die Möglichkeit, sich einen Masseur oder Friseur zu buchen und noch dazu erhalten Sie Ihren eigenen persönlichen Assistenten. Noch ein Pluspunkt ist die fantastische Aussicht des Hotels, die Sie nicht vergessen werden.

Adresse: Via Bocca di Leone 23. Roma

Telefon: 06 69380742

Webseite: www.lungarnohotels.com

# Das sollten Sie wissen

Unüberlegt und ungeplant nach Rom zu reisen, kann Ihnen oft den letzten Nerv rauben und Sie könnten so in unerwünschte Menschenmassen stolpern. Oder es kommt noch viel schlimmer und Sie verpassen die besten Highlights der Stadt. Besser ist es, Sie wissen vorher, was genau auf Sie zu kommt, und können sich dementsprechend auf alles vorbereiten.

## FESTE UND VERANSTALTUNGEN

Jedes Jahr locken zahlreiche Feste tausende von Touristen in die Stadt Rom. Fast jeden Monat gibt es ein besonderes Fest, dass Sie mitfeiern können. Es ist auch gut für Sie, zu wissen, wann diese Feste stattfinden, damit Sie Ihre Reise durch Rom besser planen können. Vielleicht mögen Sie die Massen an Touristen ja nicht und wünschen sich weniger Trubel, um in Ruhe die Stadt und die Sehenswürdigkeiten zu erkunden. Da ist es besser, wenn man vorbereitet ist und nachher nicht in endlos erscheinenden Warteschlangen festsitzt.

**Januar:**

**Das Dreikönigsfest/Epifania**

Auf der Piazza Navona findet am 6. Januar das Kinderfest statt. Eine Hexe namens Befana reitet auf einem Besen und verteilt Süßigkeiten und Leckereien an alle Kinder. Ein absoluter Spaß für die Kleinsten und die strahlenden Kinderaugen sind durch nichts zu ersetzen. Eine Menge Spielbuden verzaubern die Kinder und sorgen für ausreichend Spaß. Doch Vorsicht! Freche Kinder bekommen von der Hexe Befana keine Süßigkeiten geschenkt, sondern Kohle!

**Februar:**

**Karneval**

In Rom wird auch Karneval gefeiert. Etwas anders als bei uns, aber auch der Römer kann kräftig feiern und sich amüsieren. Der Karneval wird in Rom seit 500 Jahren gefeiert und lockt viele närrische Besucher an. Vereinzelte Umzüge und Verkleidungen werden Sie hier sehen können, doch am meisten feiern hier die Kinder in bunten Verkleidungen und Maskeraden.

**März:**

**Autosegnung**

Am 9. März findet das „Santa Francesca Romana" statt. Hier werden vor dem Kolosseum Autos mit Weihwasser gesegnet, um diesen Schutz und Sicherheit zu geben. Anschließend gibt es ein Hupkonzert.

**San Giusseppe Tag**

An diesem Tag des heiligen Josefs werden in Rom überall „Fritelle" verkauft, kleine leckere Pfannkuchen, die Sie sich nicht entgehen lassen sollten. Dieser Tag wird am 19. März gefeiert.

**Internationaler Rom-Marathon**

Gegen Ende März, an einem Sonntag, wird der internationale Rom-Marathon veranstaltet. Er gehört zu den größten Marathonläufen in ganz

Europa und sorgt seit 1995 regelmäßig für begeisterte Zuschauer. Tage vorher gibt es Shows und Konzerte, um den Auftakt zur Marathonwoche zu feiern.

**Serrimana della Cultura**

In dieser Kulturwoche können Sie einen Marathon durch die Museen absolvieren, denn dann gibt es in allen Museen freien Eintritt. Sie sollten allerdings früh starten, denn der Andrang in dieser speziellen Woche ist besonders groß und die Stadt damit umso voller.

**April:**

**Fest della Primavera**

Begeben Sie sich zur Spanischen Treppe und bestaunen Sie rundherum das Meer von Azaleen. Das Frühlingsfest, auch genannt „Fest della Primavera", begeistert jedes Jahr auf der Piazza Navona.

**Karwoche**

Besonders viele feierliche Gottesdienste werden in dieser wichtigen Woche vor Ostern abgehalten. Informieren Sie sich vorher, wo und wann welche Gottesdienste stattfinden und wann Sie am besten vor Ort sein sollten. Rom und der Vatikan werden in dieser Zeit brechend voll sein, denn alle möchten einen Blick auf den Papst erhaschen.

**Palmsonntag**

Der Papst eröffnet die Palmsonntagsmesse und zieht mit vielen Gläubigen über den Petersplatz zum Petersdom hin. In den Händen halten alle Gläubigen Palm- und Olivenzweige und folgen dem Papst bis zu den Stufen des Petersdoms. Danach hält er die Messe ab.

**Gründonnerstag**

An diesem Tag findet im Petersdom die Papstmesse bzw. die Chrisam-Messe statt. Der Papst weiht die heiligen Öle für alle Handlungen, die mit

Segen und Weihe zu tun haben. Auch wäscht an diesem Tag der Papst zwölf Personen die Füße und führt so jedes Jahr die Tradition der katholischen Kirche weiter.

**Karfreitag**

An Karfreitag durchläuft der Papst mit seinen gläubigen Anhängern im Kolosseum alle 14 Kreuzwegstationen ab. Die Karfreitagsprozession beginnt um 20:00 Uhr abends und startet an der Via Crucis bis hin zum Monte Palatino.

**Ostersonntag**

Auf dem Petersplatz findet die Papstmesse statt und der Papst spricht seine Osterbotschaft und seinen Segen „Urbi et Orbi" vom Balkon des Petersdoms.

**Natale di Roma**

Am 21. April feiert die Stadt Rom die Gründung der Stadt und viele Events werden veranstaltet. Sie können hier Wettkämpfe bestaunen, zu den verschiedenen Musik- und Theaterveranstaltungen gehen und ganz zum Schluss das Feuerwerk auf der Piazza del Campidoglio betrachten.

**Mai:**

**Concorso Internazionale ippico di Roma**

Das internationale Reitsportturnier wird auf der Piazza di Siena, im Park der Villa Borghese, am letzten Maiwochenende veranstaltet. Es findet jährlich statt und ist für Reitsportfans das Highlight überhaupt.

**Juni:**

**Festa di Giovanni**

Am 24. Juni können Sie bei einem riesigen Feuerwerk an der Lateranbasilika in Rom die Johannisnacht feiern. Die Römer sorgen für die Besucher des Festes mit Spanferkelessen, Musik- und Tanzveranstaltungen für eine ausgelassene Stimmung.

**Estata Romana**

Der „Estata Romana“ ist auch bekannt als römischer Sommer. Es finden den ganzen Sommer über Konzerte sowie Tanz-, Theater- und Filmaufführungen auf der Piazza di Siena im Park der Villa Borghese statt. Freuen Sie sich auf fantastische Ausstellungen und tolle Events.

**Juli:**

**Festa de'Noiantri**

Das alljährliche Stadtfest auf der Viale di Trastevere mit Feuerwerk und Spanferkelessen können Sie am 15. Juli besuchen und sich vom römischen Flair mitreißen lassen.

**August:**

**Festa della Madonna dalla Neve**

Eigentlich ist der August der ruhigste Monat in Rom und daher sind Veranstaltungen rar.

Doch am 5. August wird ein kleines Fest zur Erinnerung an das Schneewunder von S. Maria Maggiore in der Kirche Santa Maria Maggiore veranstaltet.

**November:**

**Festival di Musica e Arte Sacra**

Ganz besondere Konzerte werden im Vatikan und in den schönsten Basiliken Roms von berühmten Musikern aus aller Welt veranstaltet.

**Weihnachtsmarkt**

Den besinnlichen Weihnachtsmarkt auf der Piazza Navonna von Mitte November bis zum 6. Januar sollten Sie auf jeden Fall besuchen. Besonderes Highlight sind die wunderschönen Krippen an der Spanischen Treppe oder auf dem Petersplatz.

**Dezember:**

**Weihnachtsmessen**

Am 8. Dezember findet die Papstmesse auf der Piazza di Spagna und am 24. Dezember die Christmesse im Petersdom statt. Bei der Weihnachtsmesse hält der Papst seine alljährliche Ansprache vom Balkon des Petersdoms aus und spricht über das Zeitgeschehen sowie über verschiedene Konflikte auf der Welt.

## NÜTZLICHE INFORMATIONEN

Unerlässlich sind Hintergrundinformationen, die Ihnen dabei helfen, sich in Rom und in Italien zurecht zu finden. Die Italiener haben eine ganz andere Mentalität als wir Deutschen und da ist es gut, die Gepflogenheiten eines Landes näher kennen zu lernen. Auch wichtige Adressen im Notfall sollten Sie kennen, damit Sie für den Ernstfall gewappnet sind. Es kann immer einmal vorkommen, dass Sie plötzlich krank werden oder es Probleme im Ausland gibt.

### Ärzte und Notdienste

Falls Ihnen in Rom ein Unfall passiert oder Sie plötzlich medizinische Hilfe benötigen, erreichen Sie den ärztlichen Notdienst unter der Nummer 118, die Feuerwehr unter der Nummer 115 und die Polizei unter der Nummer 113. Apotheken, die Farmacias, erkennen Sie im Übrigen an den grünen Kreuzen.

### Begrüßung

Bei der Begrüßung können Sie so einiges falsch machen. Bei einer flüchtigen Bekanntschaft begrüßt man sich nur per Handschlag. Sind Sie mit dem Gegenüber etwas vertrauter, dann genügt auch ein leichtes Schulterklopfen. Das Küsschen rechts und links wird nur bei besonders engen Beziehungen ausgeführt, und dann auch nur zwischen Männern und Männern oder Frauen und Frauen.

Wer salopp mit „Ciao“ grüßt, macht sich ebenfalls unbeliebt, denn die korrekte Begrüßung bei Fremden lautet „buon giorno“ und am späten Abend „buona sera“. Auch sollten Sie sich mit „arrivederci“ verabschieden, wenn Sie Ihr gegenüber nicht gut kennen. Das „Ciao“ wird eigentlich nur unter sehr guten Freunden genutzt.

### Essen und Trinken

Natürlich möchten Sie in Rom bestimmt auch das ein oder andere Mal Essen gehen. Gehen Sie dafür in ein richtiges Ristorante, wenn Sie ein reichhaltiges Menü essen möchten. In den anderen Lokalitäten lässt der Service manchmal etwas zu wünschen übrig und es ist oft üblich, nur einen Café zu bestellen statt ein großes Menü.

Wenn auf der Rechnung coperto (Gedeck) oder pane (Brot) steht, dann brauchen Sie kein Trinkgeld geben. Meistens sind dies 2 bis 3 € pro Person, die Ihnen extra berechnet werden. Ansonsten gilt ein Trinkgeld von ca. 10 % als angemessen. Das Trinkgeld wird auch üblicherweise einfach auf dem Tisch liegen gelassen und nicht aufgerundet, denn dann ernten Sie verwunderte Blicke.

Der korrekte Abschluss einer Mahlzeit ist ein Espresso und niemals ein Milchcafé. Andernfalls wird Ihnen jeder anmerken, dass Sie kulinarisch nicht gut genug informiert sind.

Die Restaurants auf den bekannten Plätzen sind maßlos überteuert, daher sollten Sie sich vorher über die Preise informieren, sonst gibt es eine böse Überraschung.

Für Sparfüchse habe ich den ultimativen Tipp: Wenn Sie einen Aperitif bestellen, bekommen Sie oft kleine Häppchen gratis dazu. Im Viertel Trastevere gibt es sogar Lokale, bei denen ein kleines Buffet im Getränkepreis mit inbegriffen ist. Hier können Sie nach Lust und Laune zuschlagen.

Vor Sehenswürdigkeiten und historischen Bauwerken ist das Verzehren sämtlicher Speisen untersagt. Daran sollten Sie sich besser halten, sonst drohen Ihnen ein Bußgeld und eine Verwarnung.

## Informationsstellen für Touristen und wichtige Adressen

Sie finden die Informationsstellen für Touristen APT (tourist promotion company) bei der Roma Termini Station, dem Fiumicino Flughafen und auch an der Via Parigi. Dort bekommen Sie auch die Kombipässe, wie zum Beispiel den Roma Pass.

Verschiedene Informationsstellen wurden innerhalb der Stadt eingerichtet, diese befinden sich auf der Via del Corso, bei Santa Maria Maggiore, auf der Via Nazionale, der Piazza Sonnino und im Vatikan.

Das Informationstelefon für Touristen, das 24 Stunden erreichbar ist, können Sie unter der Nummer 060606 anrufen, wenn Sie Fragen zu Ihrem Aufenthalt haben.

Wenn Sie ein Anliegen haben, welches die Botschaft Ihres Landes betrifft, dann müssen Sie vorab einen Gesprächstermin ausmachen. Diesen können Sie telefonisch oder über die jeweilige Webseite vereinbaren.

**Botschaften**
Deutsche Botschaft
Öffnungszeiten:
Montag bis Freitag: 9:00 Uhr - 12:00 Uhr
Telefonnummer: +39 06 492131
Adresse: Via S. Martino della Battaglia, 4, 00185 Roma
Webseite: www.rom.diplo.de

Österreichische Botschaft
Öffnungszeiten:
Montag bis Freitag: 9:00 Uhr - 12:00 Uhr
Telefonnummer: +39 06 841 82 12
Adresse: Viale Bruno Buozzi 111, 00197 Roma
Webseite: www.bmeia.gv.at

Schweizer Botschaft
Öffnungszeiten:

Montag bis Freitag: 9:00 Uhr - 12:00 Uhr
Telefonnummer: +39 06 80 95 71
Adresse: Via Barnaba Oriani, 61, 00197 Roma
Webseite: www.eda.admin.ch

**Kostenloses Trinkwasser**

Sie genießen in Rom einen ganz besonderen Luxus, denn hier können Sie überall in der Stadt an den Brunnen das Trinkwasser nutzen. Nehmen Sie sich, anstatt sich teures Wasser zu kaufen, einfach eine Wasserflasche mit und füllen Sie diese an den Trinkwasserbrunnen der Stadt auf. Die Qualität des Wassers ist hervorragend und Sie können es ohne schlechtes Gewissen trinken.

Zu finden sind die Brunnen überall in der Stadt, so zum Beispiel am Kolosseum, vor dem Pantheon, vor dem Trevibrunnen, auf den Piazzas und auch vor den Vatikanischen Museen.

**Preise und Vergünstigungen**

Wenn Sie in Rom sparen möchten, dann lege ich Ihnen die Sparangebote und Kombipässe ans Herz. Rom bietet akzeptable Touristikkarten, die sich wirklich lohnen.

Einer davon ist der sogenannten Rome City Pass. Mit diesem tollen Begleiter haben Sie freien Eintritt in alle Sehenswürdigkeiten und Museen der Stadt Rom. Außerdem brauchen Sie sich nicht in die langen Warteschlangen, wie zum Beispiel im Vatikan und in der Sixtinischen Kapelle, anstellen. Sie dürfen einfach hineinspazieren und verlieren so keine wertvolle Zeit bei den Besichtigungen. Zusätzlich dürfen Sie an einer Sightseeingtour mit dem Doppeldeckerbus teilnehmen und bekommen noch dazu tolle Informationen über die Stadt durch den Audioguide. Der Preis des Rome City Pass beginnt bei 71,90 € und man kann verschiedene Optionen hinzu buchen.

Die günstigere Variante ist der Roma Pass. Dieser Pass gilt allerdings nur für 48 oder 72 Stunden. Sie bekommen ein bis zwei Eintritte umsonst und alle anderen Sehenswürdigkeiten sind ermäßigt. Den Roma Pass erhalten Sie ab 29,90 € und hier ist ebenfalls die Nutzung des öffentlichen Nahverkehrs enthalten.

Es gibt noch zwei weitere Pässe, die etwas mehr kosten, den Rome Sightseeing Pass und die Omnia Card. Entscheiden Sie am besten selbst, welcher für Sie in Frage kommt. Meiner Meinung nach lohnen sich nur die ersten beiden, da sie am meisten zu bieten haben.

### Stadtführungen

In Rom gibt es unzählige Möglichkeiten für Führungen oder Städteguides. Im Internet finden Sie viele Angebote und es empfiehlt sich, eine Tour im Voraus zu buchen, das ist stressfreier und Sie haben schon einmal einen guten Plan in der Tasche. Mit einem Reiseführer ausgestattet, können Sie aber auch prima auf eigene Faust die Stadt erkunden, da die Sehenswürdigkeiten meist nah beieinander liegen.

Mit den Buslinien 64 und 40 Express haben Sie die Möglichkeit, an 18 bzw. an fünf Stationen zwischen dem Hauptbahnhof und dem Petersdom zuzusteigen oder auszusteigen. Das gibt Ihnen viel Freiraum für eigene Sightseeingtouren.

Die Buslinien 116 und 119 sind für Stadtrundfahrten besonders gut geeignet, da sie an vielen Plätzen, dem historischen Zentrum und den Sehenswürdigkeiten vorbeifahren.

Des Weiteren verkehrt der Archeobus stündlich zwischen dem Hauptbahnhof und der Via Appia Antica, wo Sie auch viele archäologische Bauwerke bestaunen können.

Empfehlenswert ist auch das Unternehmen Arminius Tours der zwei deutschen Auswanderer, die sich auf private Stadtführungen in Rom spezialisiert haben. Mit Witz und Charme werden Sie hier durch die schöne Stadt Rom geführt und bekommen keinen langweiligen Geschichtsunterricht, sondern echten Mehrwert geboten. Es gibt eine Auswahl an verschiedenen Führungen, die Sie frei wählen können. Das Beste jedoch ist, dass die Führungen in deutscher Sprache abgehalten werden und nicht, wie so oft, auf Englisch oder Italienisch. Auf der Webseite www.arminiustours.com können Sie sich vorab ein Bild von den Städtetouren machen. Vor Ort finden Sie das Unternehmen an der Via Ostiense 363, 00145 Roma.

## Sicherheit

Rom ist nicht viel gefährlicher als andere Reiseorte. Jedoch sollten Sie bei größeren Menschenansammlungen immer ein Auge auf Ihre Wertsachen haben. Tragen Sie diese immer versteckt am Mann und verstauen Sie sie auch nie im Auto. Leider sind in vollen Bussen und auf großen Plätzen immer wieder Taschendiebe unterwegs, die es auf Touristen abgesehen haben. Besonders auf dem Petersplatz im Vatikan ist es ratsam, während der Papstmessen gut auf seine Habseligkeiten aufzupassen, denn hier trifft eine große Menge an Menschen zusammen.

Achten Sie darauf, dass Sie sich nichts schenken lassen. Es steckt oft ein Ablenkungsmanöver für einen geplanten Diebstahl dahinter oder der Straßenhändler will Ihnen Ihr Geld abknöpfen. Besser ist es, Sie machen einen großen Bogen um diese Händler, da sie auch keine hochwertigen Waren anbieten, sondern Ramsch, den Sie an jeder Ecke bekommen.

## Nützliches Vokabular und italienische Redewendungen

Scheuen Sie sich nicht davor, ein paar Sätze auf Italienisch zu lernen. Die Italiener sind höchst erfreut, wenn Touristen sich darum bemühen, deren Sprache zu erlernen. Dies zeugt von Respekt und vielleicht lernen Sie dadurch ja noch mehr von dieser wohlklingenden Sprache. Außerdem ist es gut zu wissen, was da genau auf Ihrer Speisekarte steht, und so können Sie gleichsam im Restaurant mit ein paar Brocken Italienisch glänzen. Nachfolgend gebe ich Ihnen eine kleine Übersicht an Vokabular und Redewendungen, die Sie in Ihrem Urlaub bestimmt gut gebrauchen können.

**Wichtige Sätze:**

Ja - Si

Nein - No

Guten Tag - buongiorno

Auf Wiedersehen - arrivederci
Hallo - ciao
Bitte - per favore
Vielen Dank (Danke) - grazie mille (grazie)
Wie geht's? - come stai?
Hilfe! - aiuto
Guten Abend / Gute Nacht - buonasera/buonanotte
Bis morgen - a domani
Bis später - ci vediamo dopo
Bis bald - a presto
Was kostet es? - Quanto costa?
ich heiße - mi chiamo
Sprechen Sie Deutsch? - parla tedesco?
Ich spreche kein Italienisch - non parlo italiano
Wie bitte? - Come?
Ich verstehe nicht - non capisco
Können Sie mir das aufschreiben, bitte? - si può scrivere, per favore ?
Nach rechts - a destra
Nach links - a sinistra
Geradeaus - dritto
Wo ist? - dov'è?

**Zeitangaben:**
Montag - lunedì
Dienstag - martedì
Mittwoch - mercoledì
Donnerstag - giovedì
Freitag - venerdì
Samstag - sabato
Sonntag - domenica
Januar - gennaio
Feburar - febbraio
März - marzo
April - aprile

Mai - maggio
Juni - giugno
Juli - luglio
August - agosto
September - settembre
Oktober - ottobre
November - novembre
Dezember - dicembre

**Speisen und Getränke**
Frühstück - colazione
Mittagessen - pranzo
Abendessen - cena
Essen - mangiare
Trinken - bere
Fisch - pesce
Huhn - pollo
Schinken (Schwein) – prosciutto (carne di maiale)
Rind - carni bovine
Käse - formaggio
Brot - pane
Obst - frutta
Nudeln - pasta
Ei - uova
Reis - rizzo
Wasser (mit Sprudel) - acqua (frizzante)
Wein - vino
Tee/Kaffee - tè/caffè

# Nachwort

Sie haben nun die Stadt Rom mit all ihren Facetten kennen- und hoffentlich auch lieben gelernt. Es gibt in Rom so vieles zu entdecken, dass Sie wahrscheinlich nicht alle Tipps und Sehenswürdigkeiten aus diesem Reiseführer berücksichtigen konnten. Das ist auch gar nicht schlimm, denn wenn Sie brav Ihre Münze in den Trevibrunnen geworfen haben, werden Sie selbstverständlich zurückkehren. Und wenn nicht? Dann kommen Sie natürlich auch gerne wieder und erkunden die letzten Ecken Roms.

Ich selbst habe Rom schon oft besucht und muss eingestehen, dass auch ich immer noch nicht alle Ecken genau kenne. Jedes Mal, wenn ich dort bin, finde ich wieder etwas, das meinen Horizont erweitert und bereichert. Egal, ob es ein neues Restaurant, ein neues Geschäft oder eine neue Galerie ist, Rom verändert sich stetig. Die Stadt hat all die Jahre niemals stillgestanden und warum sollte Sie es jetzt tun? Der große Vorteil ist natürlich, dass Ihnen immer etwas geboten wird und es nie langweilig wird.

Dieser Reiseführer enthält natürlich bei weitem nicht alle Sehenswürdigkeiten und Orte, die Sie in Rom besuchen können. Dafür gibt es einfach zu viele Möglichkeiten und verschiedene Interessen, die hier den Rahmen sprengen würden. Daher habe ich Ihnen, so gut es geht, eine kompakte Übersicht erstellt, die Sie für Ihren Städtetrip gut nutzen können. Halten Sie trotzdem stets die Augen auf, damit Sie noch mehr versteckte Ecken in Rom entdecken und viel mehr erleben.

Ich hoffe, ich konnte mit Ihnen meine Begeisterung für diese wunderschöne antike Stadt teilen und Sie fanden meine Tipps und Erfahrungen sehr hilfreich. Es hat mir sehr viel Spaß gemacht, diesen Reiseführer für Sie zu erstellen. Ich wünsche Ihnen einen unvergesslichen Aufenthalt in der Ewigen Stadt.

# Impressum

Herausgeber: Pegoa Global Media GmbH / Am Sandtorkai 27 / 20457 Hamburg
Kontakt: kontakt@pegoamedia.de
Coverbild: Shutterstock